네오콘의 음모

NEOKON NO SYOUTAI
ⓒ RYU OTA 2004
Original published in Japan in 2004 by RAIIN
Korea translation rights arranged through TOHAN CORPORATION, TOKYO.,
and BOOKPOST AGENCY.
Korean translation right ⓒ 2004 by IFIELD PUBLISHING Co.

네오콘의 음모

초판 인쇄 2004년 10월 10일
초판 발행 2004년 10월 15일

지은이 오타 류
옮긴이 민혜홍

펴낸이 유연식
펴낸곳 도서출판 아이필드
출판등록 2001년 11월 6일
등록번호 제2001-52호
주소 121-840 서울 마포구 서교동 394-25 동양트레벨 1422호
전화 02-323-9491
팩스 02-323-9492
홈페이지 www.ifield.co.kr

북디자인 상그라픽아트_류양회

ⓒ 아이필드 2004

ISBN 89-89938-58-9 (03340)

네오콘의 음모

오타 류 지음 민혜홍 옮김

아이필드

서문

2003년 3월, 미국의 이라크에 대한 침략전쟁을 전후로 해서 일본 매스컴과 일부 일본인들은 미국 국가기관의 핵심을 점거한 네오콘을 발견하게 된다. 그러나 슬프게도 가축인(家畜人) 야프*가 된 일본의 인텔리, 학자, 관료, 정치가, 매스컴, 평론가들은 이 '네오콘'의 정체를 전혀 알지 못했다.

아니, 일본인은 이미 두 번이나 미국 네오콘파의 이론을 번역본으로 접한 적이 있긴 하다. 그것은 앨런 블룸(Allan Bloom)의 《아메리칸 마인드의 종언》(The Closing of American Mind)과 일본계 미국인 프랜시스 후쿠야마(Francis Fukuyama)의 《역사의 종말》(The End of History)이다.

그러나 이러한 저작을 번역한 사람이나 출판한 사람, 그리고 독자도 이 두 사람이 네오콘의 지도적 학자라는 사실을 전혀 알지 못했다. 앨런 블룸의 책을 출간한 출판사 측에서 그를 일본에 초대하고 나서야 일본의 전문가, 학자들은 블룸으로부터 쇼킹한 이야기를 듣게 된다.

그것은 첫째, 20세기는 하이데거의 시대였고 둘째, 21세기는 레오 스트라우스(Leo Strauss) 시대가 되리라는 것이었다. 그때부터 일본인들은 부랴부랴 레오 스트라우스에 대해 연구하기 시작했다. 그러나 이 사람들은 기껏해야 스트라우스 문장의 표면을 다루는 것이 고작이었다.

프랜시스 후쿠야마의 《역사의 종말》.

여기에는 헤겔 철학이 나온다. 그러나 일본의 학문 노예들은 헤겔 철학이 '스컬 앤드 본즈'(skull and bones, 두개골과 뼈) 비밀결사에 연결되어 있다는 것을 꿈에서조차 생각하지 못했다.

바쿠후 이래 후쿠자와 유키치(福澤諭吉)를 수괴로 하는 일본의 수십만 매국노 학문집단은 일본민족의 적이다. 그들은 "제발 일본민족을 한 사람도 남김없이 모두 죽여주세요"라고 저 유대 일루미나티** 세계권력 주인님의 명령을 충실히 지키면서, 지금까지 130년 동안 일본민족에 대해 배반행위를 해온 것이다.

네오콘의 정체를 폭로하는 이론적 작업에는 '9·11 사건'에 대한 진상과 해명이 반드시 필요하다. 그러나 일본에서 네오콘의 정체를 정면으로 폭로한다는 것은 언론에 가로막혀서 꼼짝 못하고 있다. 이 현상은 2001년 9월 11일 사건에 대한 정당한 비평이 촘촘히 짜인 일본의 국가권력, 엘리트계급, 매스컴, 학문 노예집단에 의하여 완벽하게 차단되어 있는 데 따른 필연적 결과였다.

《아메리칸 프리프레스》2004년 2월 16일자 16페이지에 마이클 콜린즈 파이퍼 기자의 〈미국제국을 위한 그랜드 디자인〉이라는 기사가 실려 있다. 그에 따르면 국가안전문제 유대연구소(Jewish Institute for National Security Affairs, 약칭 JINSA)의 기관지《국제안전문제 저널》(The Journal of International Security Affairs) 2003년 여름호 ~ 2004년 겨울호에 실린 알렉산더 H. 요페의 논문에 나타난 것처럼, 미국은 세계제국 실현을 위한 그랜드 디자인을 명확히 세웠다고 밝혔다. 그 요점은 이렇다.

1. 유엔은 죽었다. 이제 사라진다.
2. 미국이 세계 영구 민주혁명 수행의 주체다.
3. 유럽연합에는 최근 반유대주의 음모이론이 유행하고 있고, 미국의 세계제국 정책에 의해 유대인들이 위험한 존재라는 게 밝혀지고 있다.
4. 새로운 세계제국은 미국과 그 동맹국을 축으로 형성되어야 할 것이다.

그러면서 파이퍼 기자는, 미국은 세계제국의 단순한 체스판의 말로 이용되는 존재에 불과하다고 갈파하고 있다. 어쨌든 네오콘 일파가 이

JINSA와 표리일체의 관계에 있다는 것은 자명하다.

　매국노 고이즈미 정권은 바로 지금 일본민족을 이와 같은 '네오콘=JINSA'이 설정한 미국 세계제국의 톱니바퀴의 하나로 편입하기로 결정했다. 이 미국의 세계제국이란 것이 제3차 세계대전, 즉 핵전쟁의 길로 가고 있다는 것은 너무나도 명백하다.

　이에 필자는 이 책을 일본민족에 대한 긴급하고 중대한 경고의 글로서 발표한다.

오타 류

---

* **야프** | 본 책에 나오는 누마 쇼조(沼正三)의 저서 《家畜人 야프》에서 따왔다.

** **일루미나티(Illuminati)** | 광명파라고 한다. 자청 먼저 깨우쳤다는 천재 선각자를 말하나 여기에서는 단일 세계정부를 목표로 하는 신비주의 성향의 비밀결사라는 의미로 쓰고 있다.

차례

1

네오콘의 원류

1.

제2차 세계대전이 끝난 후 **사루야 가나메**가 도쿄대학 서양사학과에서 미국사를 연구하고 있을 때, 당시 도쿄대에는 미국사의 전문가가 한 사람도 없었다고 술회하고 있다. 이러한 상태에서 미국과 전쟁을 했다는 것 자체가 태만하기 짝이 없는 모습이다. 이것은 비단 태만의 차원만은 아니고, 일본의 엘리트층의 결정적인 결함이기도 하다.

사루야 가나메(猿谷要) | 도쿄여자대학 명예교수. 저서로 《아메리카 역사로 가는 여행》《이야기 미국역사》 등이 있다.

　제2차 세계대전과 그 이전에 나타났던 일본의 참상은 그 후 점점 악화되었다. 표면적으로는 58년 동안 일본은 완전히 미국에 절고 물들어서, 미국 없는 일본은 없을 정도로 지독히 미국화되어 버렸다. 그럼에도 미국의 진상이나 실체, 본질에 대한 일본인의 무지는 놀라울 정도다. 그리고 스스로 무지하다는 사실조차도 깨닫지 못하고 있다. 부시 정권 하에서 미국 국가권력의 핵심을 장악했다는 네오콘에 대해서도 일본인은 과거와 똑같은 실수를 되풀이하고 있다.

　2002년 이래 미국 부시 정권은 아프가니스탄에 출병하고, 그 후에 이라크 침공을 계획하고 실행에 옮겼다. 그 제국주의적 정책을 적극적으로 추진하고 있는 세력이 미국 정부 내외의 네오콘파라는 보도가 있자, 일본인들은 네오콘파를 군사적 강경파라고 이해하고 일본에서도 비슷한 것을 만들어낸다.

　'네오콘파 = 강경파'.

　이것으로서 일은 끝이었다. 아! 한없이 천박한 인식이여! 일본인의 정신적·지적 수준은 갓난 아이와 똑같다.

현대 미국의 정치는 2대 정당제도로 굴러간다. 민주당의 기반은 소위 리버럴파, 노동조합, 소수민족, 페미니스트 및 유대인이다. 공화당은 보수파(콘서버티브)로 이루어져 있다.

처음엔 네오콘은 1960년대 이후 리버럴한 유대인 인텔리의 일부가 공화당에 침투하여 반유대적 성향인 공화당을 친유대화하기 위한 사상적·정치적 운동으로 보였다. 그러나 네오콘은 단순한 사상운동도, 어떤 종류의 언론기관도 아니다. 그것의 주된 특징과 성격은 미국 공화당 내의 주도권 싸움이었다. 그 사실은 2002년 10월 7일에 창간된,《더 아메리칸 콘서버티즘》(The American Conservatism)에 상세히 설명되어 있다. 이 잡지는 패브릭 뷰캐넌이 주도하고 있다.

뷰캐넌은 닉슨 전 대통령의 연설원고 작성관으로 일한 적이 있다. 그후 여러 차례 대통령 예비선거에서 공화당 후보자 지명대회에 출마하여 약 10퍼센트 전후의 표를 얻었다. 지난 대통령선거에서는 공화당을 탈당하고 개혁당으로 나와서 약 5퍼센트를 득표했다.

뷰캐넌은 미영 연합군이 이라크와 전쟁하기 직전,《더 아메리칸 콘서버티즘》2003년 3월 24일자에 〈누구의 전쟁인가? - 네오콘서버티즘의 일당은 미국의 이익에 합치하지 않는 일련의 전쟁에 우리 미국을 억지로 끌어들이고 있다〉라는 논문을 발표했다.

2.

뷰캐넌의 논문내용은 이렇다.

2001년 9월 11일 테러사건이 일어나고 나서 9일 후인 9월 20일, 40명의 네오콘파는 부시 대통령에게 공개서한을 보냈다. 그 공개서한에서 그들은 테러에 대한 전쟁방법을 미 대통령에게 교시했다. 또한 만약 부시가 네오콘파의 전쟁계획을 실시하지 않으면 테러리스트에게 항복했다고 규탄될 것이라고 경고했다.

이것은 무섭고도 고압적인 태도가 아닐 수 없다! 또 어느 쪽이 주인이고 어느 쪽이 손님인지도 알 수 없다. 감히 대통령에게 '경고했다' 라고 한다. 대통령에게 최후통고를 보낸 네오콘파 40명의 주력은 대부분 유대인이고, JINSA(미국국가안전문제 유대연구소)에 깊이 관여하고 있다. 뿐만 아니라 유대인이 아닌 멤버도 이스라엘 정부에 동조적이라고 알려졌다.

이것은 누구의 (누구를 위한) 전쟁인가? 그것은 미국을 위한 전쟁이 아니라 이스라엘을 위한 전쟁이 아닌가, 라고 되물으며 뷰캐넌은 이렇게 서술했다.

"서방측과 이슬람 간의 전쟁에서 이익을 얻는 것은 누구인가? 그 답은 한 국가, 한 사람의 지도자, 하나의 정당일 뿐이다. 즉 이스라엘, 샤론, 리쿠드." (뷰캐넌, 앞의 글: 11).

샤론은 현재 이스라엘의 수상이고, 리쿠드당은 이스라엘 내의 우파 정당이다. 이스라엘에는 여러 정당이 존재하지만 그 중에서 좌파인 노동당과 우파인 리쿠드당이 비교적 다수파이다. 리쿠드당의 더 깊숙이에는 '대이스라엘(이집트에서 이라크의 서부까지 포함)'의 실현을 정치강령으로 하는 광신적 유대교 원리주의 당파가 위치한다.

네오콘파는 《위클리 스탠더드》《코멘터리》등 자파의 선전매체 이외에, 《월스트리트 저널》《워싱턴 포스트》의 논설란을 좌지우지한다고 알려져 있다. 이러한 지면을 통하여 그들은 아프가니스탄 다음에 파괴해야 할 표적으로 알제리, 리비아, 이집트, 수단, 레바논, 시리아, 이라크, 사우디아라비아, 이란, 헤즈볼라, 하마스, 팔레스타인 행정부 그리고

'전투적 이슬람'을 열거하고 있다.(뷰캐넌, 앞의 글: 11).

　미국은 순차적으로 이들 이슬람 진영을 정리해간다. 그리고 그 전 과정을 '제4차 세계대전'이라고 부른다.

3.

그러나 이 정도의 설명으로는 아직 현 상황의 심각성에 대해 일부분밖에 볼 수 없다.

　네오콘의 주체는 극명한 시오니스트 유대이다. 부시 정권의 네오콘파에는 체니 부통령과 럼스펠드 국방장관도 포함되어 있다. 이 두 사람은 유대인이 아니다. 그러나 네오콘의 세계정복강령, 미 세계제국의 실현을 위한 세계전쟁, 영구평화를 위한 영구전쟁의 강령에 이 둘은 전면적으로 동조하고 있다. 특히 체니는 표면상의 신분은 부통령이지만 부시 정권의 사실상의 대통령으로 알려져 있다.

　샤디아 B. 드러리는 그의 저서 《레오 스트라우스와 미국 우익》(Leo Strauss and the American Right)(1997)의 서문에서 이렇게 말했다.

　"《타임》지가 미국의 정계에서 가장 영향력이 있는 사람들에 대한 전면적인 평가를 한 결과, 미국정치에 가장 커다란 영향력을 가진 사람 중의 하나는 1950년대와 1960년대에 시카고대학에서 정치철학을 강의한 독일에서 망명한 고(故) 레오 스트라우스이다."(《타임》, 1996. 6. 17, 리처드 라카요, 〈그러나 권력은 누가 쥐고 있나? [But who has the power?]〉).

　1996년 6월의 이 《타임》지의 기사는 아마 일본 내의 미국 전문가나 매스컴 관계자들에게 주목받지 못했을 것이다. 일본에서는 어떤 '레오 슈트라우스 전문가'도 이것을 알지 못한다.

드러리 여사에 의하면, 《뉴스위크》지 1987년 8월 3일자에 제이콥 비스버그의 〈레오 스트라우스의 컬트 – 잘 알려지지 않은 철학자의 워싱턴에서 활동 중인 문하생들〉이라는 기사가 게재되었다.(드러리, 앞의 책: 180, 주4).

아쉽게도 나는 이 흥미 있는 기사를 구해보지 못했다.

여기에 '컬트'라고 씌어 있는데, 이것은 어떤 종류의 반사회적인 비밀결사 성향을 시사하는 용어. 반사회적이라는 말은 다소 통속적인 말투다. 이 용어의 의미를 보다 엄밀하게 표현하면 그 당시의 사회적 주장, 정설, 상식에서 상당히 떨어진 주의주장 및 신앙에 의해 특징지워진 크고 작은 비밀결사적인 존재라고 해석할 수 있다.

1987년 미국에서 스트라우스 학파는 그렇게 드러나 있었던 것이다. 그들의 등장은 어떤 의미를 지니고 있을까?

4.

드러리 여사는 그녀의 저서 《레오 스트라우스와 미국 우익》 서문에서 이렇게 말했다.

"워싱턴에서 스트라우스 문하생들의 힘과 영향의 정도는 문헌적 증거에 의하여 충분히 입증된 사실이다. … 본래의 목표는 미국에서 네오콘서버티즘의 정치적 승리를 위하여 스트라우스의 정치사상이 미치는 역할을 설명하는 것이다."

여기서 네오콘서버티즘은 Neo Conservatism이라고 표기되어 있는 것에 주의하라! 이것은 New Conservatism(신보수주의)과는 다르다.

이 책이 미국에서 출판된 것은 1997년, 클린턴 대통령 시대다. 클린턴은 전형적인 리버럴로 간주되고 있다. 이 '리버럴파'는 한편 '네오콘'의 천적이라고 되어 있다.

공식적인 설명에 의하면 네오콘파란 다음과 같다.

첫째, 미소 냉전기에 대소련 강경정책을 주장한 정치적 일당이다. 둘째, 공산권 붕괴로 냉전이 종결된 후에는 미국 내의 주적, 즉 리버럴파를 치는 일에 정력을 집중하는 세력이다.

그러나 이러한 표층적인 설명만으로는 '네오콘파'의 모든 것을 알수 없는 노릇이다.

리버럴한 클린턴 정권 시대에 이미 네오콘서버티즘이 정치적으로 승리하고 있었다는 것은 무엇을 의미할까?

네오콘파는 1950년대부터 1960년대에 걸쳐서 시카고대학 정치철학 교수인 스트라우스의 문하생들로, 1987년의 시점에서 미국 매스컴에 의하여 서서히 보도되고 있었다는 사실이다.

"스트라우스가 북미 학계에 미친 충격은 주목해야 할 하나의 현상이다. 역사가 고든 S. 위드는 그것을 20세기 최대 학문세계의 운동이라고 설명했다. 이 영향은 정치철학 분야에만 한정되어 있는 것은 아니다. 그 것은 종교연구, 문예비평, 지식인의 역사, 고전, 미국사, 그리고 미국 헌법학에까지 미친다.

1987년, 즉 미국 헌법제정 200주년을 맞이하여 개최된 몇몇 관련 학회에서 스트라우스 학파라고 불리는 사람들이 이들 학회를 압도적으로 지배하고 있었다고 위드는 기록하고 있다. 그들은 잘 조직되어 있었고, 충분한 자금을 공급받고 있었다. 그들 대부분은 정치과학자로서 훈련되어왔기에 미국 건국에 관한 학회를 조직할 때에도, 그리고 그곳에 제출된 보고문서에서도 역사학자들을 훨씬 상회하고 있었다.

그것은 스트라우스 학파로서는 중대한 정치적 의의를 갖는 것으로,

단순한 역사상의 문제가 아니었던 것이다."

(드러리, 앞의 책, 제1장 워싱턴에서 스트라우스 학파: 2).

5.

드러리가 인용한 고든 S. 위드의 문장은 《뉴욕 리뷰 오브 북스》 1988년 2월호 〈원리주의와 (미국)헌법〉이라는 논문에서 발췌했다고 한다. 위의 기사에 함축된 의미는 중요하다. 이것을 가볍게 읽어버려서는 안된다.

《月曜評論》(2003. 6: 52 이하)에 우에다 마코토(植田信)라는 사람이 로버트 케이건의 《네오콘의 논리》(Of Paradise and Power: America and Europe in the New World Order)(2003)를 비평하고 있다. 여기에서 우에다는 이렇게 논평했다.

첫째, 로버트 케이건은 미국 건국의 정신이 독립주의에 기인한다는 논리를 부정한다. 즉 독립주의의 신화를 부정하고 '탈신화'를 편다.

둘째, 로버트 케이건은 미국은 건국 당초부터 국제주의, 개입주의, 간섭주의라는 '새로운 신화'를 구축한다.

지금 일본인의 전반적인 수준에 비쳐보았을 때 이 지적은 예리한 면이 있지만, 그러나 깊이가 없다. 앞에서의 자료는 케이건의 독창적 견해도, 케이건의 설도 아니다. 그것은 과거 수십 년 동안 미국에 구축된 스트라우스 학파의 이론적 작업에 깔려 있는 이야기이다.

이미 1987년 미국 헌법제정 200주년 기념제 때 스트라우스 학파는 관계 학파의 주류가 되었거나, 또는 주류의 지위를 탈취하기 바로 전이었거나, 아니면 이미 탈취하고 있었다. 이것은 무엇을 의미하는 걸까? 그것은 틀림없이 미국의 역사를 스트라우스 학파의 이론에 기초해서 근본적으로 다시 쓰기 위한 것이다.

미국의 역사를 바꾸어 쓴다는 것은 미국 헌법의 해석을 바꾸는 일도 포함된다. 스트라우스 학파로서는 당연히 그 일을 단순히 역사가에게 맡겨놓을 문제가 아닌 것이다. 그것은 고도의 정치문제다.

여기에서 '정치문제'라는 의미는 대체 무얼 말하는가? 패트릭 뷰캐넌은 이것의 의미를 세계 공화국이라든지 세계 제국이라는 식으로 표현하고 있다. 또 **노먼 메일러**는《더 아메리칸 콘서버티브》와의 인터뷰에서 "나는 (아메리카) 세계 제국에 찬성하지 않는다"(I am not for World Empire.)라고 말하고 있다(2002. 12. 2 : 8).

노먼 메일러(Norman Mailer) | 유대인으로 제2차 세계대전 후에 등장한 미국의 주요한 세 사람의 작가 중 한 사람. 세 사람은 노먼 메일러, 아서 밀러(Authur Miller), 고어 비달(Gore Vidal)을 말한다.

6.

그리고 그 이유를 이렇게 밝혔다.

"만약 미국이 로마제국의 현대판처럼 성장해간다고 하면 미국은 세계의 모든 나라에서 병역에 복무해야 할 세대를 교육하지 않으면 안 될 것이다."

"나는 그런 미국의 세계제국에 가담할 수 없다. 미국의 세계제국을 만들기 위한 기도 때문에 끝이 없는 재해가 일어날 것이라고 감히 예고한다."

"우리 나라(미국)는 세계를 지배하는 전체주의 국가의 한 종류가 될 것이다. 그러면 언론의 자유는 대부분 사라지고, 나아가 이 나라 조직 전체가 와해되어버릴지도 모른다."

(메일러, 앞의 책: 12~3).

노먼 메일러는 유대인으로서 제2차 세계대전 때 태평양 지역에서 일본군과의 전투에 참가했다. 전후 전쟁체험을 묘사한 소설《벗은 자와 죽은 자》(The Naked and Dead)를 쓰고 그 후 계속 미국문학계의 제1선에 서 있다.

그러나 이 사람의 작품은 일본에서는 그다지 열심히 읽히지 않는 것 같다. 그 이유는 아마 메일러가 '기술의 진보'에 대하여 적극적으로 지지하지 않고 일관되게 회의적인 입장을 제시하고 있기 때문일 것이다. 따라서 일본인은 메일러가 미국의 대이라크 전쟁에 반대하든 말든 거의 관심이 없다.

메일러와 똑같이 전후에 등장했고 그와 어깨를 나란히 하는 작가 고어 비달에 대한 일본인의 평가는 메일러보다 훨씬 낮다. 왜냐하면 비달은 건국 당시 미국의 이념을 그대로 보수한다는 입장이기 때문이다. 이러한 미국인들은 패전 이후의 일본인에게는 아무런 관심도, 관계도 없는 것처럼 보인다.

비달이 2001년 9월 11일 사건 이후, 부시 정권의 대내외 정책을 통렬히 비판하는 두 권의 시사평론집《영구평화를 위한 영구전쟁》(Perpetual War Peace)(2002), 《꿈꾸는 전쟁》(Dreaming War)(2002)을 내고 대아프가니스탄 전쟁에도, 대이라크 전쟁에도 강경하게 반대하고 있다는 것을 일본인은 전혀 알지 못한다. 또 알려고 하지 않는다.

노먼 메일러와 고어 비달은 현재 미국에서는 '좌익'으로 분류된다. 이것도 일본인에게는 이해되지 않는 일이다. 일본에서의 좌익은 일본적인 모든 것을 말살하기 위하여 러일전쟁 전후부터 유대 일루미나티 세계권력에 의하여 주도면밀하게 사육된 집단이다.

미국의 좌익은 최소한 두 종류다. 하나는 명명백백한 유대 일루미나티의 에이전트로 그 주력은 미국 공산당이다. 또 하나는 고어 비달처럼 미국 건국 당시, 지역에 뿌리를 내린 소공화국 전통을 끝까지 지키려고 하는 사람들이다.

7.

남북전쟁(1861~65)에 로스차일드 재벌과 영국의 '300인 위원회'가 어떻게 개입했는가에 대해서는 여기에서는 생략하고, 20세기에 들어오면서부터 미국 정치사가 어떻게 진행되어 왔는가를 문제로 삼아보려 한다.

부시(아들) 대통령의 타입이 시어도어 루스벨트 타입인가, 우드로 윌슨 타입인가에 관한 것이 마치 중대한 문제인 것처럼 일본 내 미국 전문가들 사이에 아주 진지하게 논의되고 있다.

흔히 일본인들은 시어도어 루스벨트는 무력으로 간섭하는 제국주의 타입이고, 윌슨은 민주주의를 추구하는 이상주의 타입이라고 여기고 있다. 참으로 진부한 생각이 아닐 수 없다.

이들은 윌슨에게 밀착되어 있었던 에드워드 만델 하우스(Edward Mandel House) 대령, 그리고 그의 유명한 고전적 저작 《필립 드루 – 어드미니스트레이터》(Philip Dru: Administrator)(1912)에 대해서는 마치 그런 인물이나 저작물이 이 세상에 존재하지 않는 것처럼 무시하고 있다.

여기에서 '어드미니스트레이터'란 '행정관(관리인)'이라는 평범한 영어다. 그러나 이 책의 내용은 평범한 것이 아니다. "20세기 (미국)에 가장 커다란 영향력을 준 정치 팸플릿"(1998년 복간된 판본에 쓴 윌리엄 N. 그리그의 서문)이라고 평가되고 있다. 이 책의 내용과 지은이에 대해 요약하면 다음과 같다.

① 이 책의 주인공 필립 드루는 미국 육군사관학교를 졸업한 군인이다.

② 그는 나중에 쿠데타를 일으켜 독재적 행정관이 되어 미국 헌법을 파기하고 전체주의적 국가체제를 수립하려고 했다.

③ 이 책을 쓴 에드워드 만델 하우스는 1858년 미국에서 태어나 1938년에 사망했다.

④ 1911년 11월 24일, 하우스는 윌슨과 처음 만났고, 그 직후부터 1912년까지 이 책을 썼다.

⑤ 하우스는 윌슨 대통령 위에 군림하며 그를 조종한 인물이었다.

존 콜먼 박사의 저서 《300인 위원회》에 의하면 하우스 대령은 당당히 세계권력 '300인 위원회' 정식멤버로 선발된 인물이다.

제1차 세계대전 직전 미국이나 영국의 압도적 다수는 독일에 대한 전쟁, 즉 유럽대륙에서의 전쟁 참전에 반대하였다. 그래서 RIIA(영국 왕립국제문제연구소)는 신문을 이용하여 여론을 조작하는 기술을 개발하였고, 먼저 영국에서 다음에는 미국에서 확실한 성공을 거두었다고 한다.(콜먼, 앞의 책: 324~6).

미국에서는 윌슨 대통령을 움직이고 있던 하우스 대령의 지시에 따라서 **크릴위원회**가 창설되고, 이 위원회는 미국에서 처음으로 RIIA의 기술과 방법을 이용하여 미국의 여론을 대독일 참전으로 이끌었다는 것이다.(위의 책: 326).

크릴위원회 | 윌슨 대통령의 스태프인 만델이 주동이 되어 창설한 단체. 제1차 세계대전 중 '전쟁을 끝내게 하는 전쟁' '민주주의를 위한 전쟁'이라는 슬로건으로 대대적인 참전 캠페인을 벌여 결국 미국이 세계대전에 참전하게 된다.

8.

300인 위원회의 멤버인 하우스 대령은 윌슨 대통령 취임 초부터 윌슨을 조종하여 미국정치, 아니 미국 국가체제의 놀랄 만한 대변혁에 착수하였다. 그것은 다음과 같다.

　① 1913년 FRB(미연방준비제도)법을 통과시킴으로써 미국의 통화발행권을 미국의회의 손에서 로스차일드를 핵심으로 하는 구미 유대 금융자본의 손에 넘겼다.
　② 1913년 FBI(미연방조사국)을 창설하여 미국 헌법의 핵심인 각 주의 주권에 치명적인 타격을 가하기 시작했다.
　③ 1913년 IRS(국내세입청)을 창설하여 FBI와 함께 각 주의 독립성 파괴를 추진했다.

　이것들은 하우스 대령이 《필립 드루》에서 묘사한 미국 변혁계획의 일부일 뿐 전체는 아니다. 그러나 그것만으로도 미국 헌법체제 파괴의 결정적인 일보를 내딛게 된다. 그 당시 일본은 미국 내의 이런 변화에 대해 무엇 하나 알지 못했다. 그것뿐만이 아니다. 그로부터 90년이 지난 2003년 현재, 사정은 어느 것 하나 개선되지 않았다.

　공화국을 세계제국으로 만들려는 네오콘파의 장기계획이 지금 최종적인 단계에 도달하려고 한다. 미국 국가기관을 장악하고 있는 네오콘파 수십 명의 인텔리들은 1930년 이래 미국의 학계에 깊이 침투한 스트라우스의 제자, 그 제자의 제자들이다. 그러나 그들 역시 거대한 빙산의 일각에 지나지 않는다.

　이러한 인텔리들의 주된 부분은 유대인이고 스트라우스의 뿌리도 당당한 유대인이다. 이것은 단순한 우연인가, 아닌가?

9.

레오 스트라우스(1899~1973)라는 철학자, 또는 정치철학자는 일본의 전문가집단이나 학계에 전혀 알려지지 않은 인물이다.

스트라우스의 존재에 대해 일본의 전문가들이 알게 된 것은 앨런 블룸이 일본을 방문해 행한 강연 때문이었다고 앞에서 말한 바 있다.

블룸의 《아메리칸 마인드의 종언》이라는 책이 미국에서 베스트셀러가 되었고, 일본에서도 번역 출판되어 베스트셀러가 되었다. 그때에도 일본인들은 블룸이라는 학자의 속성, 정체, 학문의 경향에 대하여 아무것도 알지 못했다. 하여간 블룸의 책이 많이 팔리자 블룸을 일본에 불러들여 강연하게 했는데, 일본의 학자들은 그때 블룸으로부터 다음과 같은 말을 듣는다.

    ① 20세기의 철학은 하이데거의 시대였다.
    ② 21세기의 철학은 스트라우스의 시대가 될 것이다.

그러나 그때까지 일본의 전문가집단과 학자들은 스트라우스라는 인물에 대하여 아무것도 몰랐다. 그래서 불룸의 강연 직후 몇 사람의 학자들이 스트라우스에 대한 연구에 착수하였고, 그 후 몇 권의 번역본이 나왔다. 그러나 이것들은 값이 비싼 학술서이기 때문에 독자는 아주 적다. 결국 오늘날 일본인들의 대부분이 스트라우스에 대하여 이름조차 들어본 적도 없는 형편이다. 게다가 스트라우스를 연구, 번역하고 있는 전문 학자들도 그가 갑자기 세계정치의 표면에 출현한 미국 네오콘파의 '대부'였다는 것은 꿈에도 생각하지 못했다.

앨런 블룸의 붐이 있고 나서 10년 뒤에 프랜시스 후쿠야마라는 일본계 미국학자가 쓴 《역사의 종말》이 또 큰 붐을 이루었고, 일본에서도 베스트셀러가 된다. 그런데 이 후쿠야마는 스트라우스 제자의 제자, 즉 손제자에 해당한다. 그들 관계를 단순화 하면 이렇다.

레오 스트라우스 → 앨런 블룸 → 프랜시스 후쿠야마.

나아가 후쿠야마는 알렉상드르 코제프라는 프랑스 철학자의 영향을 농후하게 받았다고 한다. 이 코제프는 누굴까?

코제프(1902~68)도 스트라우스처럼 일본인과 일본 학계에 전혀 알려지지 않은 인물이다.

제2차 세계대전 후 프랑스에서는 새로운 사조의 철학자·사상가가 등장하였고, 일본의 불문학 연구자들은 그 수입에 힘써왔다. 그 주요 인물들은 다음과 같다.

①사르트르(대전 직후부터 일본에서 대유행. 일본어 전집도 나와 있다)

②바타유(사르트르보다 훨씬 떨어지지만 대체로 이름은 잘 알려져 있다)

③미셸 푸코(사르트르만큼은 아니지만 그런 대로 일본에서는 잘 읽히고 있다)

④라캉(전문가 수준에서만 소개)

⑤데리다(전문가 수준에서만 소개)

⑥레이몽 아롱(이 사람은 일본에는 거의 소개되지 않았다)

⑦부르디외(초현실주의의 작가로 일본에 잘 알려져 있다)

⑧크노(초현실주의의 작가로 프랑스에서는 톱이지만 일본에서는 알려지지 않았다)

⑨ 메를로 퐁티(일본에서도 그의 이름은 알려져 있다)

⑩ 들뢰즈

⑪ 루이 알튀세르

이하 생략.

　이러한 현대 프랑스 사상가 혹은 전 서양세계의 사상가들이 모두 코
제프의 열렬한 제자이고 문하생이었다는 명백한 사실을 겨우 10년쯤
전에서야 일본의 전문가 및 학자들은 알게 되었다. 그래서 코제프에 대
해 약간의 연구자가 생겨났고, 학술 번역서도 두세 권 나왔다.

　그럼에도 불구하고 일본인은 일반인이나 전문가나 모두 이 코제프와
스트라우스가 학생시절부터 친구였다는 것, 사상적으로 아주 긴밀한 관
계라는 것, 두 사람이 미국 네오콘의 사상적 원류를 이루고 있다는 사실
은 알지 못했다.

10.

드러리(1950~) 여사는 캐나다 캘거리대학 정치학 교수로 있다. 이 여
성학자가 스트라우스의 분석에 관해 대단히 훌륭한 업적을 이루었다.

　《레오 스트라우스의 정치사상》(The Political Ideas of Leo Strauss)
(1988)은 《EIR》(Executive Intelligence Review)지에서 스트라우스 이
론에 대해 가장 잘 만든 저작물로 평가받고 있지만 불행히도 절판되어
구할 수 없다. 그녀의 다른 저서 《레오 스트라우스와 미국 우익》(1997)
은 미국 네오콘 문제를 조사할 때 필수적인 기초문헌이다.

　그런데 드러리 교수는 이 책보다 조금 앞서 《알렉상드르 코제프 - 포
스트모던 정치의 원류》(Alexandre Kojev: The Roots of Postmodern

Politics)(1994)라는 책을 냈다. 이 책에서 설명한 코제프를 살펴보자.

코제프는 1902년 러시아에서 태어났다. 1917년 러시아에서 공산혁명이 일어난 지 3년 후인 1920년에 러시아를 떠나 독일 하이델베르크에서 칼 야스퍼스에게 배운다. 그 후 파리에 정착하여 1933년부터 1939년까지 헤겔 철학(특히 헤겔 체계의 서곡인 '정신현상학')을 강의한다. 코제프의 '헤겔 정신현상학 강의'는 당시 프랑스 지식인과 학생들에게 열광적인 지지를 받았고 그들을 매료시켰다.

앞서 기록한 현대 프랑스의 사상가 열 명은 그때 코제프의 강의를 들은 청강자들 중 일부다. 그러나 오늘날 일본인 및 일본의 전문가들은 이 현상이 무엇을 의미하는지, 그것이 무엇을 초래하는지 전혀 알지 못하고 있다.

문제는 헤겔 철학이다.

고메이 천황(재위기간 1846∼1866) 시해범들은 권력을 휘어잡고 메이지 초반 프리메이슨식 서양문명(실은 無明)의 도입을 국시로 삼았다. 그 일부가 서양철학이다. 대학 아카데미즘에서는 아래와 같은 교육 프로그램을 짜게 된다. 이것을 요약해보자.

① 구미의 철학교수를 초빙하여 학생들로 하여금 강의를 듣게 한다.
② 다음에 일본인 교수가 구미의 책을 베낀 서양철학개론, 서양철학사를 강의한다.
③ 다음에 서양철학사 안의 일부분을 연구하는 전문가를 양성한다.
④ 그 '전문'이란 우선 칸트 철학이다.
⑤ 그 다음 그리스 철학이다.

⑥ 1910년대에는 니체 철학이 유행한다.

⑦ 1920년대부터 마르크스주의가 대학과 고등학교를 제압한다. 1920년대 후반부터 마르크스 철학이 대유행하게 된다.

⑧ 그리고 마지막으로 마르크스 철학의 원류는 헤겔의 변증법이라는 의미에서 1920년대 말부터 헤겔 저서를 번역하기 시작한다.

즉 일본 사상계에서는 헤겔 철학보다도 마르크스가 먼저 수입되어, 헤겔의 관념론적 변증법은 마르크스의 노동 변증법에 의해 지양되었다는 선입견이 박혀버렸다. 한마디로 헤겔은 낡았다는 것이다. 나아가 제2차 세계대전 후 서양 사상계는 하이데거를 중심으로 하는 실존철학의 전성시대가 되고, 일본의 관련 학계도 그 뒤를 따른다. 그렇기 때문에 오늘날 일본인들은 새삼스럽게 왜 헤겔 철학이 대두되고 있는지 그 의미를 이해하려고 하지 않는다.

문제의 핵심은 제2차 세계대전 후 서양 사상계를 주도한 프랑스의 철학자들은 거의 전원이 코제프의 문하생이고, 코제프는 헤겔 철학의 전문가라는 사실이다. 게다가 헤겔 체계의 출발점, 즉 정신현상학에서 주인과 노예의 변증법이야말로 네오콘 문제를 다루는 데 있어 최대의 논점인 것이다.

2

레오 스트라우스와
네오콘

1.

잠시 드러리의 말을 들어보자.

"요약하면 네오콘서버티즘은 레오 스트라우스 유산을 계승한 것이다."(드러리, 1997 : 178).

네오콘서버티즘은 스트라우스 철학의 중요한 특징 전체에 공명(共鳴)한다. 그것을 열거한다.

①종교의 정치적 중요성
②민족주의의 필요성
③니힐리즘의 맥락
④위기의식
⑤아군 대 적군의 심리
⑥여성에 대한 적의
⑦근대적인 것에 대한 거부
⑧과거에 대한 향수
⑨리버럴리즘에 대한 혐오
(드러리, 위의 책 : 178).

"그리고 이 네오콘서버티즘이 (미국 2대 정당의 하나인) 공화당의 지배적 이데올로기로 되면서, 그것(네오콘)은 미국을 자신들의 이미지로 바꾸라고 협박하고 있다."(And having established itself as the dominant ideology of the Republican Party, it threatens to remake America in its own image.)

이 마지막 문장을 의역하면 "미국은 네오콘의 의도대로 바뀌어, 장차 사라져버릴 위험에 직면하고 있다"는 것이 될 것이다.

1997년 드러리 여사의 저작이 출판된 시점에서도 네오콘과 스트라우스의 관계는 거의 미국의 일반인들에게는 알려져 있지 않았다고 한다. 미국 내에서 그러한 상황이었다면 일본은 말할 것도 없을 것이다.

"그들(네오콘)의 사명은 미국의 — 아니, 미국만이 아니라 사실상 서양문명 그 자체의 — 구제라는 것이다. 파국과 위기가 절박하다는 감각은 당연히 사람들에게 이런 위험한 상황에서 비상수단의 채용이 필요하고, 또 정당하다는 것을 납득시킨다. 네오콘파가 그들의 정치적 반대파를 적으로 설정하였기 때문에 국내정치 속에서 아군과 적군이라는 심리적 구조를 채용하여 정쟁을 악마적 세력에 대한 목숨을 건 투쟁으로 전화시키는 것도 놀라운 일이 아니다."(드러리, 앞의 책: 178).

이 내용은 네오콘파의 성격을 잘 표현해주고 있다. 그들은 파국이 절박하다고 느끼고 있다는 것이다. 우선 그것을 살펴보자.

2.

서양에서는 20세기를 이렇게 정의한다.

① 마르크스(유대)의 시대
② 니체의 시대
③ 프로이트(유대)의 시대
④ 아인슈타인(유대)의 시대
⑤ 하이데거의 시대
⑥ 니힐리즘의 시대
⑦ 신이 죽은 시대

이러한 정의는 각각마다 20세기 서양의 경향을 나타낸다. 그리고 그러한 정의는 즉석에서 일본에 채용되어 일본인을, 특히 일본 인텔리계층을 우왕좌왕하게 만든다. 그렇지만 이 정의들은 모두 표면화된 사상의 흐름에 지나지 않는다.

오컬트라는 것이 있다. 이 오컬트에는 2개의 문서가 존재한다.

하나는 악명 높은 《**시온장로의 의정서**》이고, 또 하나는 **알레이스터 크롤리**의 《법의 서》 및 거기에서 비롯된 크롤리의 마술학이다. 《의정서》에 관해서는 논의를 생략한다. 크롤리가 문제다. 그는 20세기 초에 '새로운 아이온'의 개막을 고지했다.

'아이온(aeon)'은 그리스어다. 이것은 영어에서는 eon(aeon)으로 표기하는데 무한히 긴 시대, 영구(永久)라고 사전에는 씌어 있다. 불교용어의 '겁'(劫)이라는 말에 해당된다. 그러나 영어는 그리스어의 '아이온'에 딱 맞는 말이 없는 것 같고 다만 에이지(age)라는 말로 치환된다.

크롤리가 말하는 것을 참작하여 표현하면, 1아이온은 2천년을 말한다.

시온장로의 의정서(Protocols of the Learned Elders of Zion) | 1897년 스위스에서 열린 1차 시온주의 결의대회에서 발췌한 것으로 1905년 처음 세상에 알려졌고 1920년대에 각지에 퍼졌다고 한다. 진위 여부에 논란이 많으며 심지어 제정 러시아시대에 비밀경찰에서 작성했다는 설도 있다.

알레이스터 크롤리(Aleister Crowley) | 1875~1945, 로큰롤의 사상적 기반을 마련했다고 한다. 국내에 《미스터 크롤리》라는 책이 출간되었다.

제1의 아이온(2천년)은 초고대 수메르시대와 이집트시대.
제2의 아이온(2천년)은 서력 원년까지의 시대.
제3의 아이온(2천년)은 크리스트교의 시대.

그리고 20세기는 이 제3의 아이온이 끝나고 새로운 제4의 아이온이 시작되는 과도기인 셈이다. 이 표현은 너무 밀교적(密敎的)이어서 일반 대중에게 그대로 전해지지는 않는다.

3.

제4의 아이온이란 어떤 시대일까?

바로 여기에 네오콘의 숨겨진 본체가 존재한다. '네오콘'을 가장 좁게 파악하면 존 에먼(John Ehrman)이 쓴《네오콘서버티즘의 발흥 - 지식인과 1945년~1994년의 외교정책》(The Rise of Neoconservatism: Intellectuals and Foreign Affairs 1945~1994)(1995)을 들 수 있다. 이 저자(저작)는 '네오콘'을 단순히 제2차 세계대전 전후의 미국 외교정책 상의 문제로 보고 있다. 그러나 이렇게 왜소화시켜버리면 나무를 보고 숲을 보지 못하는 것과 같다.

리처드 번스타인은 1995년 1월 29일《뉴욕타임스》에 쓴 〈너무나 어울리지 않는 악한 또는 영웅〉이라는 논문에서 스트라우스를 1994년에 작성된 미국 공화당의 강령 '미국과의 계약'의 대부(代父)라고 말했다.(드러리, 1997 : 3).

1994년 미국 공화당 강령이란 이 해의 미국 중간선거를 겨냥한 것으로 뉴트 깅리치 하원의원이 주도하여 작성한 것이다. 공화당은 중간선거에서 대승하여 그 강령의 작성자 깅리치가 하원의장에 선출되었다. 이 사건은 미국, 나아가서는 세계의 정치사에서 아주 중요한 징후였다.

깅리치는 네오콘파의 유력한 정치가이다. 또 1996년 미 대통령선거에서 공화당 후보에 지명된 밥 돌은 네오콘파 강령을 전적으로 받아들였다고 한다. 그리고 이때부터 미국의 매스컴은 네오콘의 대부가 스트라우스라는 것을 보도하고 있었다. 번스타인이 말하는 '너무나 어울리지 않는 악한 또는 영웅'이란 이 스트라우스를 가리키는 말은 아니었을까?

앨런 블룸에게서 21세기의 철학은 스트라우스 시대라는 말을 듣고서 일본의 일부 철학자들은 커다란 충격을 받았다. 자신들이 방향을 잘못 잡고 있었는지 모른다는 생각을 하기 시작한 것이다. 그리고 몇몇 학자들이 스트라우스에 관한 연구에 착수했고, 몇 권의 학술 번역서가 출간됐다. 그러나 스트라우스의 주요 저작물 소개라고 해봐야 고대 그리스 철학자에 대한 해석이라든지 자연권에 관한 책뿐이다. 즉 전혀 대중적인 요소가 없는 것들이다.

4.

레오 스트라우스(1899~1973)는 독일에서 태어난 유대인이다. 대학에 들어가 하이데거 철학을 공부하고 졸업 후 유대연구소에서 유대의 종교와 철학을 공부한다.

나치가 정권을 장악하기 직전 스트라우스는 저명한 나치스 법학자이자 정치철학자인 칼 슈미트(Carl Schumitt ; 1888~1985)와 가깝게 지냈고, 록펠러재단의 장학금을 받아서 파리와 런던으로 유학한다. 그리고 그 후 미국으로 이주하여 약 20년간 시카고대학의 정치철학 교수로 지낸다. 그 사이에 1백 명의 박사를 키웠다고 알려져 있다. 1973년 그가 사망할 무렵, 이미 미국에는 울창한 스트라우스 학파가 형성되어 있었다. 그러나 그 사실은 아주 한정된 관계자 이외에 일반 미국인은 알지 못했다.

1980년대에 들어와서 선구적인 일부 미국 매스컴이 '컬트로서의 스트라우스 학파'라는 식의 일종의 희한한 현상으로 보도했지만, 사람들은 곧 잊어버렸다.

1987년에 출판된 스트라우스의 수제자 앨런 블룸의 《아메리칸 마인드의 종언》이 학술서로서는 좀처럼 드물게 베스트셀러가 된다. 그러나 이때에도 블룸이 스트라우스의 수제자이고 스트라우스 학파의 정점에 위치해 있다는 사실을 미국 사람들도 몰랐다.

미국의 베스트셀러를 곧바로 따르는 일본에서도 그 번역본은 한때 인기가 있었다. 일본에 초청된 블룸으로부터 20세기의 철학은 하이데거, 21세기의 철학은 레오 스트라우스라는 말을 듣고서 일본의 일부 학자들이 스트라우스에 관한 연구를 시작한다. 그러나 그의 정체와 전모를 이해하기에는 전문가들에게도 일반인에게도 역부족이었다. 1997년에 출간된 샤디아 B. 드러리의 《레오 스트라우스와 미국 우익》조차도 아주 최근까지도 전문가한테마저 관심 밖의 대상일 뿐이다.

프랜시스 후쿠야마의 《역사의 종말》(1992)도 미국에서 베스트셀러가 되었고 같은 해 일본에서도 번역되었는데, 일본에서는 일과성 유행 현상으로서 빠르게 잊혀졌다.

이 후쿠야마는 앨런 블룸의 제자로 스트라우스의 손(孫)제자에 해당될 뿐 아니라, 스트라우스의 평생 학문 친구였던 코제프의 영향을 농후하게 받은 인물이다.

이미 샤디아 B. 드러리가 《알렉상드르 코제프》(1994)에서 스트라우스와 코제프의 관계를 상세하게 논증하고 있음에도 불구하고 여전히 일본인의 시야에는 들어오지 않는다.

5.

2003년 5월에 들어오면 《뉴욕타임스》(5. 4) 《뉴요커》(5. 12) 《뉴욕옵서버》(5. 6) 《인터프레스뉴스 에이전시》(5. 7)가 차례로 미국 네오콘파와 스트라우스의 관계에 대해서 본격적 논문을 발표했다.(《EIR》, 2003. 5. 16: 62페이지 이하; 제프리 스타인버그〔Jeffrey Steinberg〕).

스타인버그의 논문에는 《인터프레스뉴스 에이전시》에서 주최한 짐 로브(Jim Lobe)와 캘거리대학 교수 샤디아 B. 드러리와의 담화를 기록하고 있다. 여기에서 드러리 교수는 중요한 발언을 했다. 그 요점은 다음과 같다.

①《뉴요커》(5. 12)에 세이모어 하슈는 레오 스트라우스를 리버럴 데모크라트(자유민주주의자)라고 했는데, 그렇지 않다. 스트라우스는 리버럴도 데모크라트도 아니다.

② 스트라우스의 견해에 의하면 권력자가 시민을 영구히 속이는 것은 결정적으로 중요하다. 왜냐하면 그들(시민)은 지도받는 것을 필요로 한다. 그들은 무엇이 선이고 무엇이 악인가를 그들에게 가르쳐줄 강력한 지배자를 필요로 하고 있기 때문이다.

③ 드러리 교수는 플라톤과 스트라우스의 차이를 명시한다. 플라톤은 지배자가 될 사람은 최고의 도덕적 수준을 갖추어야 한다고 말한다. 반면 스트라우스는 지배자가 될 자격을 가진 사람은 도덕이라는 것이 필요 없는, 우월자(優越者)가 열패자(劣敗者)를 지배할 권리가 유일한 자연권이라는 것을 이해하는 사람이라고 주장한다. 지배자가 되려고 하는 자는 퍼티처럼 조작 가능한 군중을 필요로 한다(퍼티〔putty〕는 유리창의 접합제이다).

④ 스트라우스식의 지배체제는 인민에게 적의 존재를 믿게 하는가, 아닌가에 유지 여부가 달려 있다. 외부의 적이 존재하지 않을 때에는 내부에서 적을 만들어내야만 한다. 살아남기 위해서는 46시간 늘 싸워야만 한다. 평화는 후퇴와 폐허로 이끌 뿐이다.

항구적인 평화가 아니라 항구적인 전쟁이 스트라우스의 신념이다. 이것이야말로 울포위츠, 크리스톨, 샤르스키, 슈미트와 같은 워싱턴의 스트라우스 문하생들이 신봉하는 교의이다. 그 교의가 그들로 하여금 침략적·호전적인 외교정책을 추구하게 한다. 드러리는 부시 정권에 대해 자유주의와 민주주의를 무용지물로 만들면서 자유주의와 민주주의라는 미명 아래 세계를 정복하려는 정권이라고 비판한다.(《EIR》, 2003. 5. 16 : 64~5).

6.

이렇게까지 미국의 매스컴에 정보가 전시되고 있는데도 일본의 미국문제 전문가들(외교관, 관료, 매스컴 관계자, 학자, 평론가, 작가, 방위청 자위대 및 그 밖의 다수)은 누구 하나 네오콘의 정체를 보지 못하고 있다.

《EIR》지 2003년 5월 30일자 34페이지 이하를 보면, 제프리 스타인버그의 〈시나키즘 - 울포위츠 일당의 파시스트적 뿌리〉(Synarchism: The Fascist Roots of The Wolfowitz Cabal)라는 논문이 있다.

여기에 시나키즘(synarchism)이라는 말이 나온다. 이것은 낯선 말이지만 아마 아나키즘(anarchism, 무정부주의), 모나키즘(monarchism, 군주제 또는 군주주의)이라는 일련의 용어와 관련이 있을 법하다. SY(syn)는 공(共), 합(合), 동시(同時), 유사(類似)를 의미하는 접두어이므로 시나키는 통합적 정치체제, 전체주의체제라고 보면 될 것이다.

스타인버그의 논문에 의하면 《EIR》지는 최근 공개된 제2차 세계대전 전후의 미국 국무성, 군 첩보기관, OSS 등의 공문서를 입수하고 그 속에서 '시나키스트 = 나치스 = 공산주의자'에 관한 비밀문서 파일을 발견했다고 한다. OSS란 '전시서비스국'으로 나중에 CIA로 된다.

'시나키스트 = 나치스 = 공산주의자'란 무슨 의미일까? 이것은 시나키스트라는 비밀결사와, 나치스와 소비에트 공산주의(공산당과 그 정권, 코민테른)가 지하에서 결부되어 있다는 것을 의미한다. 이하에 그 요점을 기록해둔다.

① 이 비밀문서의 공개는 부시 정권 내에 정착한 스트라우스, 코제프, 칼 슈미트의 문하생들이 오늘날 미국 수도 워싱턴에서 추진하고 있는 쿠데타 상황 하에서 아주 중요한 긴급성을 요하는 것이다.

② 코제프와 슈미트는 2차 세계대전 중에는 '시나키스트' 음모의 핵심적 지도인사이고, 대전 후에는 보편적 파시스트 계획과 파시스트 기관의 계승을 인격적으로 체현한 인물이다.

③ 스트라우스는 미국에 이주한 후에도 슈미트, 하이데거, 프랑스의 시나키스트인 코제프의 평생 학문 동지였다.

④ 그리고 오늘날 워싱턴에서 쿠데타를 수행 중인 폴 울포위츠, 에이브럼 샤르스키, 빌 크리스톨, 존 애시크로프트, 스티브 캠본, 게리 슈미트 등은 모두 스트라우스의 인맥이다.

⑤ '시나키스트 인터내셔널'의 기원은 나폴레옹(1세) 시대로 거슬러 올라간다.

⑥ 최초의 '시나키스트'문서는 1860년대에 조셉 알렉상드르 생 이브 달베이드르 (Joseph Alexandre Saint Yves d'Alveydre; 1842~1909)에 의해 씌어졌다.

⑦ 달베이드르는 나폴레옹(1세)의 밀교고문 앙투안 파브르 돌리베 (Antoine Fabré d'Olivet; 1767~1826)의 문하이다.

⑧ 돌리베는 자코뱅파의 지도적 멤버로 루이 16세의 처형에 직접 관여했다. 나중에 그는 나폴레옹 체제에서 내무성 및 군의 핵심에 있게 된다. 그

의 권력에 대한 의지를 강조하는 오컬트식 문서는 니체 철학보다 앞선 것
이다.

⑨ 달베이드르의 후계자 제라드 앙코스(Gerard Encausse 〔파퓌, Papus〕)
는 생 이브 오컬트 과학학교를 창설하고 '더 시나키 가번먼트'(시나키 정
부)라고 하는 비밀결사의 회원 획득에 나섰다. 1894년에 출판된 그의 저
서 《아나키, 인돌런스, 시나키》(Anarchie, Indolence and Synarchie) 중
에서 사회의 '내부의 세균', 즉 아나키를 파괴할 목적으로 산업, 상업, 금
융, 군대, 학계의 모든 지도자를 단일한 권력구조 속으로 결집한다는 야심
찬 구상을 전개했다. 그것이 파퓌(Papus)다.

⑩ 생 이브(달베이드르)와 파퓌(앙코스)는 시나키스트 세계제국의 전망을
묘사했다. 그리고 그것은 다음의 5개의 지역으로 구성된다.

· 대영제국
· 유로아프리카
· 유라시아
· 팬아메리카
· 아시아

⑪ 코제프는 러시아계로서 소위 '유라시아'의 지도자로 예정되어 있었다.
이하 생략.

7.

이 《EIR》지의 '시나키스트'에 관한 언급에 대해 대부분의 일본인들은
대낮에 꿈을 꾸는 것이 아니냐고 조소할지도 모르지만, 그렇지 않다.

《EIR》와 같은 공공연한 NWO(New World Order, 신세계질서)의 음
모를 쳐부수자고 미국 및 전 세계의 공중(公衆)에게 호소하는 출판물은

아주 조금이라도 사실에 근거하지 않는 기사를 게재하면 곧바로 미국을 지배하고 있는 금융과두권력에 의하여 정치적·법률적 및 그밖의 방식으로 맹렬한 탄압을 받아 존재 자체가 말살된다.

필자는 1993년 이후 10년 동안《EIR》지를 구독하고 있고, 또 1980년 이전의 지난 호도 구입·통독하고 있는데, 그곳에 게재된 기사 및 논문은 면밀한 조사는 물론이고 일일이 출전과 증거가 명시되어 있다. 이미 설명한 것과 같이 '시나키스트'에 관한《EIR》지의 논문은 최근 공개된 미국 정부의 비밀문서를 기초로 해서 씌어진 것이다.

여기에서 말하고자 하는 것은 '시나키스트' 비밀결사라는 것이 가공의 꾸며낸 이야기가 아니라, 그야말로 나치 독일을 배후에서 조작한 본당이라는 것이다.

나치스 국가체제의 핵심인사였고 당시 독일금융계의 최고수뇌부이자 시나키스트였던 사람이 샤흐트(Horace G. H. Schacht; 1877~1970)이다. 샤흐트는 종전 후 뉘른베르크 재판소에 끌려갔을 때 자신은 국제결제은행(BIS)으로 대표되는 국제금융체제의 일원으로 행동하고 있었던 것에 불과하다. 만약 자신을 재판정에 서게 한다면 국제금융 진영이 '히드라계획'을 배후에서 조종하고 있다는 증거를 공개할 것이다, 라고 뉘른베르크 법정을 협박했다. 그리고 미국과 소련의 재판관의 반대를 무릅쓰고 샤흐트는 무죄 방면되었다.

물론 일본인은 이 역사적 사실을 모르고 있다. 설령 누군가가 그 일을 공개하려고 하더라도 일본의 매스컴이 봉인해버린다. 샤흐트와 비슷하게 나치체제의 중심에 있었던 법학자 칼 슈미트도 무죄 방면되었고, 철학계의 거물 하이데거도 마찬가지다.

스트라우스와 코제프는 제2차 세계대전을 무대 뒤에서 준비하고 연출한 본당인 시나키스트 비밀결사 계열의 인물이고, 그 가운데 스트라우스는 이 본당에서 미국의 정치권력 엘리트를 육성하라고 파견한 자라는 것이다. 소위 '네오콘'파의 원천은 여기까지 거슬러 올라가야 한다.

8.

《EIR》지(2003. 6. 20: 58~68)에 〈레오 슈트라우스와 그의 니힐리스트 철학이 오늘날 미친 영향에 대한 토론〉의 기록이 게재되어 있다. 여기에서 "스트라우스, 칼 슈미트, 프랑크푸르트 학파 사이에 어떤 관계가 있지 않을까요?"(애덤 스터먼)라는 질문에 대해 "예, 관계가 있습니다. 스트라우스와 프랑크푸르트 학파 사이에는 공통의 뿌리 같은 것이 있습니다"(토니 페이퍼트)라는 글이 나온다.

이것은 중요하고 흥미로운 문제로 다음과 같은 도식으로 나타낼 수 있다.

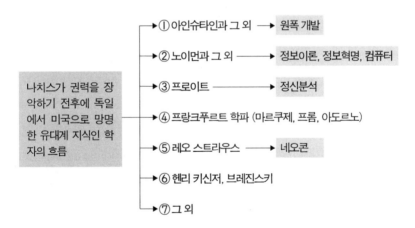

나치스가 권력을 장악하기 전후에 독일에서 미국으로 망명한 유대계 지식인 학자의 흐름

① 아인슈타인과 그 외 → 원폭 개발
② 노이먼과 그 외 → 정보이론, 정보혁명, 컴퓨터
③ 프로이트 → 정신분석
④ 프랑크푸르트 학파 (마르쿠제, 프롬, 아도르노)
⑤ 레오 스트라우스 → 네오콘
⑥ 헨리 키신저, 브레진스키
⑦ 그 외

《週刊日本新聞》, 295호(2003. 7. 14).

이렇게 정리해보면 제2차 세계대전 전후로 프랑스 또는 영국을 경유하거나, 직접 유럽대륙에서 미국으로 이주, 망명한 유대계 지식인이 담당한 놀랄 만한 위력을 새삼 깨닫게 된다.

프랑크푸르트 학파는 좌익, 스트라우스 학파는 우익으로 서로 나뉘어 격렬하게 싸우는 것처럼 보이지만 그것은 표면적인 현상에 불과하다.

"테오 아도르노(프랑크푸르트 학파의 중심멤버 중 한 사람)와 그 일파는 하이데거의 자식들이라고 불리고 있다. 마찬가지로 스트라우스도 하이데거를 연구했다. 민중을 전 지구 정치적 관점에서 조작할 수 있다면, **지정학**이 민중에 대해 그들이 한 무리의 노예적 동물에 불과하고 노예 동산(動產)에 불과할 뿐이라고 믿게 만들 수 있다면, 그것은 분명히

지정학(地政學) | 정치현상과 지리조건과의 관계를 연구하는 학문

쉽게 실시할 수 있을 것이고 운용할 수 있을 것이다. 프랑크푸르트 학파는, 사회주의혁명은 서양의 고전적·전통적 가치관이 유지되는 한 실현될 수 없는 것이라 생각하도록 조작하고 있다. 이리하여 그들은 개인주의를 근절하는 것이 하나의 제국을 만들기 위하여 투쟁하는 것처럼 조작하고 있다."(《EIR》, 2003. 6. 20: 67).

프랑크푸르트 학파에 관해서는 많은 지면을 할애해 상세하게 설명할 수 없기 때문에, 여기에서는 우선 패트릭 뷰캐넌(Patrick J. Buchanan)의 《서양의 죽음》(Death of the West)의 제4장을 참고문헌으로 제시해둔다. 또《正論》(2003. 8)에 토호쿠대학 다나카 히데미치(田中英道) 교수의 논문 〈일본의 미디어를 지배하는 '숨은 마르크스주의' 프랑크푸르트 학파〉가 실려 있다는 것 정도만 지적한다.

9.

프랑크푸르트 학파의 시조는 루카치(G. Lukacs; 1885~1971)다.

헝가리에서 벨라 쿤(Bela Kun; 1886~1937)이 주동한 소련식 공산 혁명이 실패한 후 루카치는 독일로 이주하여 프랑크푸르트대학에 마르크스 연구소를 만들고, 《역사와 계급의식》(History and Class Consciousness)이라는 저서를 냈다. 이 연구소는 사회학연구소로 이름을 바꾸고 프랑크푸르트 학파의 총본산이 된다.

러시아에서 성공한 공산혁명이 유럽에서는 왜 모두 실패한 걸까?

유럽에는 2천 년 동안 크리스트교의 문화적 전통이 뿌리를 내렸다. 이 문화의 뿌리를 근절하지 않으면 유럽의 공산혁명은 실현될 수 없다. 따라서 유럽 공산혁명의 주 전장은 문화전선(전통문화 파괴)이라고 한다. 똑같은 결론을 이탈리아 공산당의 그람시(Antonio Gramsci; 1891~1937)가 내세우고, 제2차 대전 후 트리아치에 의하여 이 그람시 전선이 실시되었다.

프랑크푸르트 학파의 한 사람 아도르노에 관해서는 존 콜먼 박사의 《300인 위원회》(The Committee of 300)에 자세히 설명되어 있다. 콜먼 박사에 의하면 아도르노는 영국의 타비스톡 연구소의 지도 하에 비틀스로부터 시작된 록음악의 세계적 대유행을 연출했다고 한다. 이렇게 보면 아래의 계통도를 다음과 같이 보완할 필요가 있을 것이다.

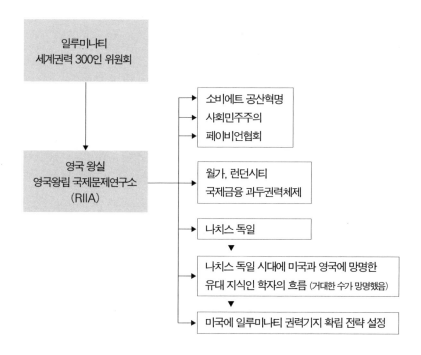

이 도표에서 보면 흐름은 이렇다.

① 월가에서 소비에트 공산혁명을 연출한다.

② 소비에트 공산정권(코민테른)이 독일에도 공산혁명을 수출하려고 한다.

③ 독일 공산혁명의 위협에 대항하여 나치스가 태동하고, 월가는 나치스에 의한 독일혁명을 연출한다.

④ 나치스의 정권장악과 동시에 유대계 지식인, 학자가 대거 미국에 이주한다.

⑤ 이러한 유대인 학자가 미국을 근본부터 바꾸어 일루미나티 세계권력의 기지로 확립한다.

10.

린든 라러슈는 《EIR》(2003. 5. 2) 12페이지 이하에 〈The Pantheocons; The Weird Religions of Cheney's Empire〉라는 24페이지에 걸친 대논문을 발표했다.

린든 라러슈(Lyndon H. LaRouche, Jr.) | 《EIR》지 편집인. 이 잡지는 네오콘에 철저히 반대하는 그의 정치철학과 행동을 따른다. 이 책의 저자 오타 류 역시 린든 라러슈와 《EIR》의 견해를 충실히 따르고 있다.

'Pantheo-cons'란 라러슈가 만든 말로 판테온에서 따왔다. 판테온은 고대 로마공화국(제국)의 만신전(萬神殿)이다. 로마에 관계있는 많은 신들을 함께 모시는 신전으로 로마 최고의 성지로 간주되었다. 그는 미국 네오콘의 종교가 로마의 판테온과 같은 것이라고 주장한다.

라러슈가 쓴 이 논문의 부제를 살펴보자.

'The Weird Religions of Cheney's Empire.'

이것은 '체니'가 날조하려고 하는 제국은 어쩐지 무섭고 수상한 느낌을 풍기는 종교(Religions, 복수로 표기되었음)라는 의미다. 그리고 이 수상한 종교의 본체는 파시즘이고, 그 이데올로기 원천을 거슬러 올라가면 스트라우스에 도착한다고 라러슈는 서술하고 있다.

그렇다면 체니와 부시(아들)의 관계는 어떨까?

부시는 체니의 Dube라고 한다. Dube란 '속이기 쉬운 사람'이라는 뜻이지만, 여기에서는 그것만으로는 충분하지 않다. 부시 정권에서 체니 부통령은 사실상의 주인, 수령, 보스, 우두머리이고 부시는 어디까지나 공들여 준비한, 안무대로 연기하도록 요구받는 인물에 불과하다.

"체니의 Chicken-hawks가 신속하게 보금자리로 돌아오지 않으면 우리들이 알고 있는 근대 문명은 다음 시대에는 소멸해버릴 것이다. 체니로 대표되는 운동의 본질적 성격은 미국을 기지로 한 전 세계적인 규모의 파시스트 독재, 오웰적인 제국을 확립하는 것을 목표로 한 운동이다."(라러슈, 앞의 글: 13).

Chicken-hawks는 직역하면 닭을 채가는 매를 말한다. 통속적으로는 남성을 성의 대상으로 삼는 남성 동성연애자, 즉 호모를 일컫는 말이기도 하다. Hawk = 매. 매는 새의 한 종류이지만 사람에 비유할 때에는 욕심 많은 사람, 타인을 먹는 사람, 강경파인 사람을 의미한다.

그러나 여기에서는 강경파라는 말로는 부족하다. 오히려 호전적인 사람들의 진영, 군국주의적 전쟁에 홀린 사람들이라고 정의하는 게 훨씬 타당하다. 그리고 큰 영향을 가진 사람(호크스)에게 치킨을 갖다 붙이면 멸시하는 호칭이 된다. 라러슈의 이 정의는 정곡을 찌른다.

체니는 네오콘파에 속하지 않는다고 말꼬리를 잡는 사람이 있을지 모르지만, 그렇지 않다! 체니의 마누라 **린 체니** (Lynne Cheney)가 당당한 스트라우스 학파의 중심멤버다.

> 린 체니(Lynne Cheney) | 네오콘 산하의 미국기업연구소(AEI)의 중심멤버다.

"네오콘서버티브의 제국주의적 전쟁정책은 로마제국시대 때 만신전의 힘은 정의라는 이데올로기와 당시의 대형 경기장에서처럼 민중의 지배적 기분을 민중이 승인하는 한 계속 유지될 것이다."(라러슈, 앞의 글: 35).

라러슈는 그 이데올로기를 'Pox Populi'라고 이름붙이고 있다.(라러슈, 위와 같음).

Pox Populi.

이것도 라러슈가 만든 말일 것이다. Populi는 라틴어로 인민을 뜻하고, Pox는 구어체로 쓰였을 때 매독을 가리킨다. 즉 인민의 매독이라는 말이다.

3

네오콘의 전략
– 전 세계를 민주화(?)하는 영구혁명

1.

라러슈는 앞의 〈더 판테오콘스〉 논문에서 프로메테우스부터 설명하고 있다.

고대 그리스 신화는 원형대로 온전히 후세에 남아 있지 않다. 그러나 그 일부와 큰 윤곽은 전해지고 있다. 이 그리스 신화 및 신화시대 이후의 그리스 과학철학과 크리스트교, 유럽사회의 관계는 일본인에게는 도저히 소화할 수 없을 정도로 복잡하게 얽혀 있다.

그럼에도 불구하고 네오콘 문제의 뿌리는 고대 그리스에서 유래한다.

올림포스 신들의 우두머리는 제우스이다.

그 신들 중의 하나인 프로메테우스는 신들의 금기를 파기하고 하늘에서 불을 훔쳐 그것을 인간에게 주었다(즉, 인간에게 불을 이용하는 방법을 가르쳤다). 그 죄의 대가로 제우스는 프로메테우스를 바위에 묶어두고 독수리에게 간을 쪼아 먹게 하는 벌을 내렸다.

고대 그리스의 시인 아이스킬로스(Aeschylos ; B.C. 525(?)~B.C. 456)가 쓴 프로메테우스에 관한 비극의 대본은 세 권이라고 알려져 있는데, 그 중의 한 권만이 오늘날 우리들에게 전해지고 있다. 서양에서는 이 신화에 관해서 옛날부터 다양한 해석이 이루어지고 있었지만, 일본인은 아무 관심도 없었다.

프로메테우스에 관한 라러슈의 해석은 다음과 같다.

① 제우스는 고대세계 과두권력체제의 수장이고 그 대표 격이다.
② 과두권력체제에서 일반 대중(인류)은 휴먼캐틀(인간가축 또는 가축인간)에 불과하고, 또 그래야만 한다. 결코 대중에게 지식과 자유를 주어서는 안 되는 것이다.

③ 프로메테우스는 올림포스 신들의 일원이었지만, 신들의 가축인간이어야 할 인류에게 불을 주고 그들을 문명으로 인도한 죄를 범함으로써 과두권력체제에 의하여 징벌을 받았다. 그러나 인류에게 프로메테우스는 해방자였다.

④ 데카르트, 존 로크, 애덤 스미스, 오일러(수학자), 라그랑주(수학자) 등 근대 서양의 경험주의 철학과 그것에 기인한 과학은 인간의 정신을 파괴하는 컬트로서 고대부터 있었던 과두권력체제에 봉사하는 이데올로기다.

⑤ 과두권력체제에서 일반 대중(인류, 인간가축)은 가축이라는 본성의 테두리 안에서 감각적 쾌락과 고통에 구속받는 생활을 해야 할 것이다.

(라러슈, 앞의 글: 22 이하).

2.

서양문명의 흐름에 관한 이러한 설을 일본인은 지금까지 들어본 적이 없다. 다시 라러슈의 견해를 들어보자.

"제우스가 프로메테우스에게 내린 오만하고 사기적인 유죄 선고는 만신전으로 체현된 이교적 신들의 악의 성격을 명시하고 있다. 프로메테우스에 대한 단죄와 집행에 표현된 의도는 조물주에게 필적하는 인간의 능력에 대한 과두권력의 전통적인 공포이자 증오이다."

"제우스를 수장으로 하는 올림포스 신들의 이 증오를 근대의 모방자들, 즉 경험주의자들이 악마주의적 증오로 표현하고 있다. 그것은 볼테르, 칸트, 헤겔, 니체, 웰스, 러셀, 하이데거, 아렌트, 스트라우스, 그리고 (현재 미국 부통령) 체니의 종복들이 진실이라는 관념 그 자체에 대해 증오를 표현하고 있다."

(라러슈, 앞의 글: 29).

라러슈는 '네오콘' 문제를 이렇게 해명하고 있다.

① 과두권력체제가 역사의 시원(始原)에, 또는 역사의 어느 시점에 설정
된다.
② 이 체제에서 사회는 두 개의 층을 이룬다. 상층에 과두권력자, 하층에
는 그 올리가키(Oligarchy, 과두권력)의 노예가 있다. 이 노예는 휴먼캐틀
신분이다.
③ 고대 그리스 신화의 주인공들인 올림포스의 신들은 휴먼캐틀을 지배,
사역하는 과두권력자들이다.
④ 이 과두권력자들 중의 하나인 프로메테우스는 가축인간인 인류에게
불을 줌으로써 올림포스 신들의 수장인 제우스에게 벌을 받는다.
⑤ 고대 그리스 철학의 시조 소크라테스와 그의 제자 플라톤 및 동시대의
피타고라스, 아르키메데스는 인류에게 이성의 빛을 주었다.
⑥ 예수는 인간에게 가축인간의 신분을 벗고 해방의 길을 가르쳤다.
⑦ 예수의 가르침이 현실의 인간사회에 나타나기 시작한 것은 14세기 중
반에 발생한 흑사병의 위기 이후, 14세기 말 사회 밑바닥에서 시작된 사
회재건 움직임에 의해서이다.
⑧ 그것은 잔 다르크 시대, 쿠사누스(Nicolaus Cusanus; 1401~64) 시
대, 프랑스의 루이 11세에 시작된 국민국가의 성립, 그리고 초기 르네상
스 시대이다.
⑨ 그 이후 600년 동안 서양은 소크라테스와 예수의 가르침을 따르려는
사람들의 체제와, 베네치아 및 그 후계자인 네덜란드, 영국의 국제금융 과
두권력체제라는 이중의 권력 상태에 빠졌다.
⑩ 20세기 후반부터 21세기 안에 이 국제금융 과두권력체제는 전 세계,
전 지구에 완벽한 그들만의 독재국가를 실현하려고 하고 있다.

⑪ 미국 네오콘은 바로 그 돌격대로서 역할을 맡고 있다.

⑫ 그들 네오콘파의 본색을 가장 적나라하게 드러낸 저서가 마이클 레딘의 《유니버설 파시즘》(Universal Fascism)(1972)이다.

3.

유니버설 파시즘이란 전 세계, 전 지구에 보편적으로 관철되는 파시즘이라는 의미다.

오늘날 네오콘파는 미국의 자유와 민주주의체제를 전 세계에 퍼뜨린다는 명분으로 제3차 세계대전을 획책하려고 하고 있다. 그 제3차 세계대전의 실체는 '전 세계를 민주화하는 영구혁명'이다. 그리고 그 세계 민주 영구혁명은 동시에 전 세계에 자유시장을 실현하는 경제혁명이기도 하다.

이 자유민주주의 영구혁명 전쟁의 궁극적인 목표는 유니버설 파시즘의 실현에 있다. 즉 완벽한 전체주의적 세계국가의 완성이 그들의 목표다. 이것은 양의 탈을 쓴 늑대라든지 검은 것을 희다고 하는 단순한 유희 차원의 문제가 아니다.

인류의 문명이 시작된 그때부터 인류는 극소수가 장악한 과두권력과 그들에 의해 사역당하는, 즉 올리가키에 봉사하는 가축인간인 대중으로 나뉘어 있었다. 소크라테스 등 고대 그리스의 현자들, 그리고 예수 그리스도가 나타나서 인류(그 일부)를 가축인간의 상태에서 구출했다. 그러나 오늘날 과두권력은 그들의 절대적 지배력을 전 지구 규모로 확립하는 마무리 작전을 시작했고, 그들(과두권력)은 그것을 전 세계의 자유민주주의화라고 말하고 있는 것이다.

서양문명의 테두리 속에서 생각해보면 이런 식의 설명이 통용될지도 모르겠다. 그러나 일본인의 입장, 특히 일본민족이야말로 인류문명의 주류이고 정통이라는 우익의 입장에서 보면, 이러한 라러슈 식의 설명은 그대로 받아들이기 힘들 것이다. 우선 인류문명의 출발점부터 과두권력자와 가축인간이라는 노예가 존재했다는 라러슈 또는 서양식의 역사학, 서양식 인류문명관의 전제에 동의하기가 힘들 것이기 때문이다.

"네오콘의 사상적 원류는 스트라우스와 코제프, 이 두 사람이 두 개의 기둥을 이루고 있다"고 라러슈는 말한다.

어떻게 해서 코제프가 제2차 세계대전 이후와 20세기 후반에 프랑스가 배출한 서양철학사상의 원조가 되었을까? 그것은 헤겔 철학체계의 서론으로서 '정신현상학'에 관한 강의(1933~9)의 성과에 따른 결과다.

헤겔 정신현상학의 핵심은 주인과 노예의 대립투쟁이라는 변증법이다. 마르크스가 《공산당선언》 속에 쓴 유명한 문구, 즉 인간의 역사는 계급투쟁의 역사였다는 명제에 대해 사람들은 마르크스의 전매특허, 또는 마르크스의 독창적 견해라고 했지만 그것은 오해였다.

그것은 《공산당선언》보다 이미 40년 전에 헤겔에 의해 선보였고, 아주 명쾌하게 변증법적 논리가 제시되어 있었다.

4.

어쨌든 여기에서 인류사의 근본문제 또는 본질적인 문제가 부상하고 있는 것을 간파해야 한다.

유스터스 멀린스(Eustace Mullins : 1923~)는 2003년 7월 8일 인터뷰에서 네오콘에 관하여 어떻게 생각하느냐는 질문에 대해 이렇게 대답했다.

"네오콘은 공산주의자보다도 더 나쁘다. 왜냐하면 그들은 옛날의 공산주의자보다도 더 세계권력에 접근하고 있기 때문이다.

네오콘이 공산주의자보다도 훨씬 더 위험하다. 왜냐하면 그들은 공산주의를 소화하고 그것을 유대의 밴드왜건(가두 퍼레이드의 선두에 서는 군악대)으로 결부시켰기 때문이다. 그들은 그것을 세계정복의 최종적인 수단으로 보고 있다."

참고로 아래의 인터넷 주소에 들어가면 멀린스의 대담내용을 볼 수 있다.

http://www.rense.com/general39EUSTACE.htm
렌즈 닷 컴, 2003. 7. 15. 제임스 다이어(James Dyer), 유스터스 멀린스와의 어느 오후.

네오콘의 세계정복을 위한 최종적인 수단이라는 멀린스의 이 평가를 어떻게 보아야 할까?

멀린스는 그들의 세계정복계획은 5천년 전으로 거슬러 올라간다고 한다. 5천년 전이란 수메르에 인류 최초의 도시문명이 출현한 때이다. 다시 말해 멀린스의 이 견해는 인류의 최초 문명이라는 것이 세계사의 무대에 등장한 그때, 이미 과두권력과 노예 내지 가축인간이라는 분열이 인간사회 속에 나타나 있었다는 의미다. 대체로 다음과 같이 '그들'은 인류의 노예화계획을 마련해두었다.

멀린스의 견해를 정리해보자.

(1) 제1의 2천년 시기(B.C. 4000년경부터 B.C. 2000년경까지)
① '그들(과두권력)'은 수메르, 이집트, 인더스 유역 그리고 그 주변

을 지구정복의 기지로 설정한다. 그들은 지구원주민을 노예 내지 가
축으로 만들 계획을 세운다.

② '그들'은 코카서스 산맥 북방에서 카스피 해 일대에 '그들'의 대
리인으로서 아리아인을 육성한다.

③ 이 시대는 내부의 권력투쟁이 정점에 달하여 '그들'의 문명은 자
멸한다.

이 사항에 관해서는 수메르 점토판 문서의 하나인《잃어버린 엔키의
서(書)》가 제카리아 싯친(Zecharia Sitchin)에 의하여 영역되었다.
(2002)

(2) 제2의 2천년 시기(B.C. 2000년경부터 A.D. 원년까지).

① 이 시대에 '그들'은 비밀결사를 통하여 간접적으로 지구원주민을
지배하는 방식을 채용했다. 비밀결사는 보통 브러더후드라고 칭한다.

② '그들'의 지구원주민 지배의 주 전략전술은 이렇다.

· 분할하여 지배하라. 인류를 단결하지 못하도록 서로 죽이고 미워하
게 선동한다.

· 종교교단에 의하여 공포와 내세의 희망, 즉 환상을 지구원주민에게
심어준다.

· 이리하여 '그들'은 지배의 범위를 확대하게 된다.

(3) 제3의 2천년 시기(A.D. 원년부터 A.D 2000년경까지)

① 이 시대의 본질적 특징은 '그들'이 일신교 교단을 3개나 만들었
다는 데 있다. 즉 유대교, 크리스트교, 이슬람교.

② '그들'의 관리 하에 있는 이 3개의 일신교 교단을 경쟁시킴으로

써 '그들'의 지배는 전 세계, 전 지구에 빠짐없이 침투하게 된다.

③ 15세기 말, 콜럼버스 함대가 아메리카대륙을 발견한 후, 소위 2, 3
백 년 동안의 대항해시대에 '그들'은 다음의 제4 시대로 이행을 준
비하기 시작했다.

④ 이리하여 3개의 세계대전과 3개의 대혁명에 의하여 세계국가를
완성한다는 작전계획이 18세기 후반부터 19세기에 걸쳐서 책정(策
定)된다.

⑤ 20세기는 '그들'에게 제3의 2천년 시기에서 제4의 2천년 시기로
넘어가는 과도기이다.

(4) 제4의 2천년 시기(A.D. 2000년 이후)

① 이 시대의 본질적 특징은 '그들'에 의한 '세계 인간목장'의 완성
이다. '그들'은 그것을 '뉴 월드 오더(New World Order)'라고 부
른다.

② 그 최초의 작전이 2001년 9월 11일에 일어난 뉴욕 국제무역센터
폭발사건이다.

③ 그리고 이어서 다음 작전이 미국과 영국이 주도하는 아프가니스
탄과 이라크 침략전쟁이다.

④ 이것은 미국 국가기관의 핵심을 장악한 '네오콘'이 추진하고 있
는 제3차 세계대전의 서곡이다.

5.

앨버트 파이크(Albert Pike)가 마티니에게 보낸 편지에 따르면, 세계국
가(실제로는 세계 인간목장)는 3개의 세계대전과 3개의 세계대혁명을

통하여 실현된다고 한다.

세계대전에 대한 것은 여기에서는 제외하고 3개의 대혁명에 대하여 고찰해보자.

제1의 대혁명은 물론 프랑스혁명이다. 제2의 세계대혁명은 1917년 러시아 공산혁명이다. 그러면 제3의 대혁명은 무엇일까?

그것이 실은 지금부터 전개될, 아니 이미 시작되고 있는 아메리카 대혁명이다. 이 점이 오늘날 일본인에게는 난해하기 짝이 없다. 이 '아메리카 대혁명'의 배후에는 저 '네오콘'이 깊숙이 관여하고 있다. 이 주제에 대해서는 미국 네오콘의 핵심분자의 하나인 레딘(Mickael A. Ledeen)의《배반당한 자유 – 미국은 어떻게 세계 민주혁명을 지도했고 냉전에서 승리했는가, 그리고 옆길로 샜는가》(Freedom Betrayed: How American Led a Global Democratic Revolution, Won the Cold War, and Walked Away) (1996)를 보면 좋다.

레딘의 주장을 요약해둔다.

① 제1 미국 민주혁명. 그것은 1776년에 시작되었고 그 결과로 미합중국이 건국되었다.
② 제2 미국 민주혁명. 그것은 1945년 제2차 세계대전 종결 직후 미국식 자유와 민주주의를 전 세계에 퍼뜨리기 시작하였다.
③ 그리고 1989~1991년, 마침내 소련 공산진영과의 냉전에서 미국 민주주의 혁명진영은 승리했다.
④ 그러나 부시(아버지) 대통령은 제자리 걸음이고, 클린턴은 미국이 주도하는 세계 민주혁명에 대하여 반혁명으로 전락했다.
⑤ 그래서 1994년 미국 공화당은 '미국과의 계약'이라는 문서(10항목)를 채택하고 1994년 11월의 중간선거에서 압도적인 승리를 거두었다.

⑥ 이제 미국은 '세계와의 계약'을 내세워서 제2차 미국 민주혁명을 세계 민주혁명, 즉 전 세계를 미국식 자유와 민주주의 일색으로 물들이는 세계혁명으로 강력하게 전개해나가야 한다.

⑦ 자유와 민주주의(민주적 자본주의)인가, 아니면 티라니(Tyranny, 폭군)인가? 전 세계에서 티라니를 제거하라!

레딘은 이미 《유니버설 파시즘》(1972)이라는 책을 쓴 바 있고, 지금까지 스스로를 '유니버설 파시스트'라고 부른다.

6.

유니버설 파시즘이란 보편적으로 관철되는 파시즘(전체주의)이라는 의미다. 자유와 민주주의를 목표로 하는 세계혁명이란 것과 보편적 전체주의라는 것은 마치 정반대, 서로 양립할 수 없는 대립물인 것처럼 느껴진다. 그러나 절대 그렇지 않다!

부시(아들) 대통령은 애시크로프트를 법무장관에 임명했다. 이 애시크로프트는 당당한 네오콘파, 즉 스트라우스를 승계한 인맥의 일원이다. 이 애시크로프트 법무장관의 견해가 《WAR》(White Aryan Resistance) 2003년 7월호에 인용되어 있다.

"애시크로프트는 미 하원 사법위원회에서 만약 의회가 제2 애국자법을 통과시킨다면 비애국적 미국인 텐스 오브 밀리언스 정도가 투옥될 것이라고 말했다."

텐스란 텐(10)의 복수형이므로 '텐스 오브 밀리언스'란 2천만 이상을 의미한다. 즉, 제2 애국자법이 통과되면 2천만 명 이상의 비애국적 미국인이 투옥될 전망이다. 이것이 제정신으로 하는 소리란 말인가? 애국자법(제1법, 제2법 포함)으로 체포된 2천만 명 이상의 미국인을 수감하는 감옥, 또는 수용소를 미국은 어떻게 만들 작정인가?

애시크로프트의 망발은 더 계속된다.

"애시크로프트 미 법무장관은 더 나아가 인권헌장(더 빌 오브 라이츠)은 뉴 월드 오더를 목표로 하는 (미국) 공화당의 계획 실현을 방해하는 장애물이라고 말했다."

"부시 대통령에게 절대적 독재권력을 주어야만 월가의 단일 세계정부의 꿈을 실현할 수 있게 된다."

"(미국 헌법의) 인권헌장은 바로 비애국적이다."

"(미국) 공화당은 일치단결하여 확고하게 미국 헌법에 적대하고 있다."

(이상,《WAR》, 2003. 7).

글쎄, 대체 이것은 무엇을 말하는 걸까?

레딘이 말하는 세계 민주혁명을 애시크로프트가 다시 외치고 있다. 미국의 자유와 민주주의라는 지상 최대의 보편적인 가치를 전 세계에 포교하는 세계혁명…. 그 실현을 위해서는 무력의 행사가 필수라고 보는 것이다. 그리고 미국은 2001년 9월 11일 사건 직후에 의회를 통과한 '애국자법(제1법)', 그리고 그와 연관된 '국토안전보장성'이라는 것을 설치한다.

미국의 반(反)NWO, 반(反)일루미나티인 기독교 전도사 텍스 마스는 〈GULAG USA〉라는 비디오를 만들고 있다. GULAG(굴락)이란 러시아어로 옛날 소비에트 공산정권시대 때 국가비밀정치경찰(게페우, KGB)이 일괄적으로 관리하는 '강제집중수용소'의 약칭이다. 한창 많을 때 게페우는 약 1천만 명의 죄수 노동자들을 관리했다고 한다. 그 실태는 솔제니친의 작품 《이반 데니소비치의 (수용소의) 하루》에 남김없이 묘사되어 전 세계 사람들에게 알려진 바 있다.

그런데 자유와 민주주의의 나라로 알려진 미국에서 오늘날 새로운 수용소국가가 출현하려고 한다. 그것은 이미 시작되고 있는 제3의 세계 대혁명으로서 네오콘파에 의하여 추진되고 있는 미국혁명의 본체인 것이다.

7.

'더 빌 오브 라이츠'란 무엇을 말하는가?

미국이 영국에 대하여 독립전쟁을 시작한 것이 1776년부터 약 10년 동안이었다. 대영 독립투쟁에서 승리한 후 1787년에 식민지 13개 주의 대표가 모여서 미국 헌법을 채택하게 된다.

그러나 실은 거기에서부터 문제였다. 헌법을 만들겠다는 결정을 내린 후, 곧바로 헌법 수정조항 제1조부터 제10조까지 일괄적으로 채택되고(1789년) 비준되었다(1791년).

초기에 결정된 헌법 수정조항을 '빌 오브 라이츠(권리장전)'라고 부른다. 그것을 요약하면 다음과 같다.

① 상비군이 존재한다는 것 자체가 인민에게 위험하다. 따라서 인민은 상시(常時)로 무장할 권리를 가지며 이것은 불가침이다. 나아가 인민은 민병대(의용군)를 조직한다.

② 인민의 언론·집회·출판의 자유는 불가침이다.

③ 국가에서 국교를 정하는 것을 금지한다. 기독교의 많은 종파 중 어느 것을 신앙하든지 그것은 인민의 자유다.

④ 경찰·검찰·재판소에 의한 인민의 체포 및 재판에 관해서는 인민의 권리를 최대한 보장해야 한다.

샤먼 스콜닉은 이렇게 말한다.

현재 미국의 중학교, 고등학교 교육에서 권리장전이 미국 헌법의 불가결한 일부라는 것은 거의 언급하지 않고 있다. 그러나 미국 헌법에서 권리장전을 빼고 나면 아주 평범한 의회정치에 관한 계획밖에 남지 않는다.

"권리장전 조항의 대부분은 NO(~해서는 안 된다)로 시작하고 있다. 그것은 중앙정부를 구속하는 사슬이다."(《스펙트럼》, 2003. 8: 79).

스콜닉에 따르면 미국을 건국한 사람들은 미국이라는 국가제도를 세울 당시에 중앙정부(연방정부)의 권한을 억지·억제하는 것에 최대한의 주의를 기울였다고 한다. 이것과는 대조적으로 각 주의 헌법은 주의 권한에 대한 불가침성을 강조한다는 것이다.

스콜닉의 이 설명은 전부 옳다. 그럼에도 불구하고 메이지 이래 현재까지 일본인은 미국사의 이 근본문제에 관하여 무지와 무관심을 드러내고 있다. 구제불능이다.

레딘은 (제1차) 미국혁명은 미국 헌법에 의하여 배반당했다고 말했다. 레딘의 의도를 추적해 보자.

8.

미국 헌법은 수정을 하려면 연방의회에서 수정안을 가결한 후 합중국(合衆國, United States)을 구성하는 각 주 의회의 압도적 다수가 찬성해야 정식으로 비준되고 발효된다. 즉, 수정하려면 그 문턱이 대단히 높다. 그리고 헌법제정 직후에 제기되어 절차에 따라 비준된 제1조부터 제10조까지의 수정조항은, 스콜닉의 서술에 따르면, 중앙정부(연방정부)를 꼼짝 못하게 하는 것이다.

미국 독립 또는 미국 건국 당시의 사람들은 다 합쳐봐야 수백만 명에 불과했고 각 주의 인구는 많아야 수십만 명이었다. 미국 헌법에 의하면 국가의 기초는 주(州, state)이다. 그리고 주의 주요한 행정관은 주민에 의해 직접 선출된다. 주 의회는 상하 양원으로 구성된다.

미국의 국체는 리퍼블릭이다. 이것을 메이지시대의 일본인은 공화국 또는 공화제라고 번역했다. 이 번역은 적절하지 않다.

알기 쉽게 건국 당시의 공화국체제를 설명하면, 아래로부터 순차적으로 올라가는 제도라고 할 것이다. 그것을 표시하면 다음의 그림과 같다.

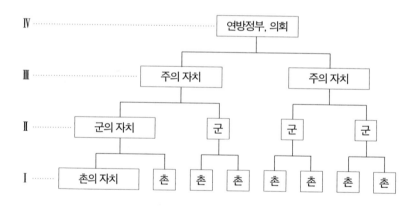

국가의 원수인 대통령은 4년에 한 번 선거하고 임기는 두 번으로 제한한다. 선거방식은 직접선거가 아니고 각 주의 사람들 수에 비례하여 할당된 선거인을 선출한 다음, 이 선거인단 투표에 의하여 대통령이 결정된다.

선거인은 앞의 그림에서 (Ⅱ)의 차원에 위치할 것이다. 따라서 미국의 국체는 데모크라시가 아니라 리퍼블릭이라고 하는 것이다. 이 리퍼블릭의 의미는 국가의 기본이 지역자치단체에 있다는 것이다.

경찰을 보자. 셰리프(보안관)가 군(郡, 앞 표의 Ⅱ)의 주민에 의해 선출된다. 이 셰리프는 건국 당시 미국경찰의 기본이다. 주의 법무장관(Attorney General)도 주민의 직접선거에 의해서 선출된다. 본래 미국 헌법체제 하에서는 중앙정부(연방정부)는 경찰력을 가질 수 없다. 경찰은 주 정부의 전관사항이다. 교육도 마찬가지다.

이러한 국가는 어떤 의미에서는 실로 기묘한 국가라 볼 수 있다. 일본인은 결코 이해할 수 없는 아주 이상한 국가다.

미국 건국 당시의 중요한 문서 가운데 하나가 초대 대통령 조지 워싱턴의 퇴임연설문(Farewell Address)이다. 그 요점은 미국은 외국(주로 유럽)과의 분쟁에 개입해서는 안 된다는 것이다. 이것도 건국 당시부터 미국에 개입하고 있던 영국, 네덜란드의 국제금융 과두권력으로서는 대단히 불만족스러운 일이었다. 그것은 그들에 의해 '독립주의(고립주의)'적 편향이라고 비난받는다.

서서히 이 워싱턴의 '퇴임연설'도 이름만 유명할 뿐, 그 의미는 잊혀지도록 연출된다.

9.

그러한 미국이, 즉 건국 당시의 미국이 어떻게 유럽의 국제금융 과두권력의 지배 하에 편입되었을까? 여기에 중요한 역할을 담당한 그룹이 변호사그룹일 것이라고 추정된다. 이 점에 대해서는 다카야마 마사유키,

다치카와 주리아(高山正之, 立川珠里亞) 공저 《변호사가 두렵다!》라는 저작을 참고할 필요가 있다.

이 책의 요점은 다음과 같다.

①이제 변호사는 미국의 지배층으로 신(新)귀족이다.

②그 의혹을 푸는 열쇠는 영국에 있다.

③영국에서는 변호사란 영주, 귀족 등 위정자의 앞잡이다.

④셰익스피어의 《헨리 6세》 제2부에서는 반란을 주동한 잭 케이드의 부하가 "(자유로운 사회를 실현하기 위하여)우리가 먼저 해야 할 일은 변호사(lawyer)들을 몰살시키는 것입니다"라고 말한다. 그러나 케이드는 변호사를 몰살하는 것에 찬성하지 않았다.

⑤미국은 압정을 피해 도망한 평민이 이주한 땅이다. 당연히 영주와 귀족은 포함되지 않는다. 그러나 변호사는 평민이고, 따라서 이주자 속에 포함된다.

⑥그 후 변호사는 평민이 세운 미국이라는 나라의 정점에 서게 되었다.

⑦미국의 변호사 인구는 90만 명(이것은 1999년 이전의 숫자)이고, 소송비용은 미국의 국방비 총액의 3배 이상인 연 8천억 달러에 달한다.

이 요약만으로도 미국사의 중요한 사실이 묘사되어 있다. 그러나 이것은 표면적인 현상에 불과하다. 이하에 문제점을 열거해둔다.

①최소한 20세기에 들어와서 변호사 중의 대단히 많은 부분이 유대인이 차지하고 있는 것을 이들의 저서에서는 전혀 다루지 않았다.

②1989년 이전의 시점에서 미국의 판사와 변호사를 합친 인구 70만 7천명 중 적어도 50만 명은 프리메이슨 회원이다. 90퍼센트가 프리메이슨이

라고 해도 과언이 아니다.(멀린스, 《정의에 대한 강간[The Rape of Justice]》: 142).

③ 1988년 10월 2일자 《뉴욕타임스》지는 머시 트로이와의 인터뷰 기사를 게재했다. 여기에서 트로이는 뉴욕 최고재판소의 판사 자리는 7만 5천 달러에 매매되고, 하급재판소의 경우는 1만 5천 달러라고 진술하고 있다.(앞의 책: 141~2). 즉 현대 미국의 법조계(변호사, 판사)는 프리메이슨에 의하여 거의 완벽하게 장악되어 있을 뿐만 아니라, 그나마 돈으로 매매되고 있는 실정이다.

④ 스티븐 나이트(Steven Knight)가 쓴 《브러더후드》(일본에서는 《프리메이슨》이라 번역되었다)에 의하면, 영국의 변호사 중 90퍼센트는 프리메이슨이다. 영국 재판관의 50퍼센트도 프리메이슨이다. 미국도 아마 영국과 비슷한 비율일 것이다.(나이트, 앞의 책: 142).

10.

앞에서 말한 다카야마와 다치카와의 책은 서양, 다시 말해 구미와 영미에서 유대문제 및 '비밀결사' 문제는 처음부터 전혀 존재하지 않았다는 대전제하에서 구축되어 있다. 즉, 모래 위에 누각을 세우는 꼴이다.

미국 독립전쟁·독립혁명의 역사는 단순히 한 가지로만 요리되지 않는다. 반유대, 반일루미나티, 반NWO 진영에서 발간된 출판물에는 미국의 독립선언 서명자들, 다시 말해 초대 대통령 워싱턴을 포함하여 서명자 대부분이 프리메이슨 회원이었다는 것이 강조된다.

한마디로 미국은 건국 초기부터 프리메이슨적 국가였다는 것이다. 그럼에도 불구하고 "미국 헌법이 비준됨과 동시에, 미국 헌법을 파괴하려는 장구(長久)하고 지속적인 기도 속에 최초로 습격을 받았다"(유스터스 멀린스, 《카난의 주술》, 제6장 미국혁명: 135)는 주장은 무엇을 의미할까?

피상적으로밖에 미국사, 미국 정치사, 미국 헌법사, 미국 독립혁명사를 읽지 않은 사람에게는 그 진상은 처음부터 봉인되어 있다.

미국 헌법체제에 대한 최초의 공격은 "예일대학 총장 티모시 드와이트(Timothy Dwight: 1752~1817)를 대표로하는 **에드워드파**의 음모였다. 이 음모가들은 칼뱅파의 성직자와 교수들, 즉 크롬웰파였다."(앞의 책: 135).

에드워드(Jonathan Edward) ㅣ 1703~58, 단호한 칼뱅주의적 복음주의 목사로 지옥불 설교자, 유황불 설교자로 불렸다. 미국 독립선언의 입안자 제퍼슨과 초대 대통령 워싱턴에 대해 공공연하게 비난을 퍼부은 일화가 전해온다. 여기에서 말하는 에드워드파란 그의 종교적 입장을 따르는 사람들을 일컫는다.

칼뱅파의 음모가들은 미국 수정헌법의 제1조를 배제하고 칼뱅주의 크리스트교를 미국의 국교로 만들려고 했다는 것이다.

그렇다면 칼뱅파 크리스트교는 어떤 종교일까? 당시 칼뱅파는 "크리스트교 헤브라이주의자라고 불렸다"(앞의 책: 81).

"칼뱅주의 발흥은 유대인들이 유럽의 상업 및 대금업에서 대약진을 가능하게 했다. 이 공적(功績)에 따라 엔사이클로페디아(백과사전)에는 '칼뱅은 유대를 축복했다'라고 서술되었고, 칼뱅에게 명예를 주었다"(앞의 책: 81)는 것이다.

이것은 무엇을 말하고 있는 걸까?

이것은 건국 당시부터 미국의 국교를 칼뱅파로 하고 그것을 통하여 미국을 유대주의, 유대교 독재의 나라로 만들 계획이 존재했다고 하는 뜻일 것이다. 앞에서 인용한 멀린스의 저서 《카난의 주술》에 의하면 크롬웰의 죽고 나서 소위 명예혁명에 의하여 찰스 2세가 등장했고, 그 후 대부분의 크롬웰파(칼뱅파)가 미국으로 도망갔다. 이 크롬웰파가 미국 독립혁명기는 물론, 독립 후에도 집요하게 음모를 꾸몄다고 한다.

미국 헌법제정 직후 수정 제1조(종교의 자유를 규정하고 특정 종파를
국교로 하는 것을 금지한다)를 무효로 만들 음모를 주도한 예일대 총장
티모시 드와이트는 후에 '스컬 앤드 본즈'
(skull and bones, 직역하면 '두개골과 뼈'이
지만, 죽음의 비밀결사〔The Brotherhood of
Death〕로 알려졌다)로서 알려진 예일대학 '러
셸 트러스트'의 세 사람 가운데 한 사람으로
알려졌다.(앞의 책: 136).

러셸 트러스트 | 재력가인 윌리엄 H. 러셸
이 1832년부터 예일대학의 우수 졸업생
15명을 뽑아 만든 단체. 매년 15명씩 충원
되며 소수로 이루어진 결사단체다. 초기부
터 지금까지 2,000여 명의 회원이 있다고
한다.

이렇게 보면 네오콘파의 핵심적 이론가인 마이클 레딘이 미국 헌법
은 (제1차) 미국혁명을 배반하였고, (제1차) 미국혁명은 미국 헌법에
의하여 배반당했다고 말한 진의가 분명해진다. 즉, 레딘의 말마따나 제
1차 미국혁명은 처음부터 칼뱅파 또는 사실상의 유대교 독재국가를 만
들려고 했던 것이다. 그런데 여기에서 사마(邪魔)가 끼어들어(?) 생각
처럼 되지 않았던 것이다.

이 1차 미국혁명은 미국 헌법에 의하여 배반당했기 때문에 제2차 혁
명을 통해 새로운 미국체제를 만들기 위한 파괴작업을 수행·완성시켜
야 한다는 뜻이다.

4

300인 위원회에 직속해 있는 네오콘 일당

1.

다음은 《EIR》지 2003년 7월 11일자 7페이지 이하에 실린 내용이다.

"월스트리트 저널의 편집자가 세계통화와 초(超)은행에 관한 시날시스트의 계획을 공개했다." - 리처드 프리먼(Richard Freeman).

이 프리먼의 기사는 아주 중요하다.

로버트 바틀리(Robert Bartley)를 주목하라! 이 사람은 지난 15년간 《월스트리트 저널》의 편집자로 있었고 현재는 명예 편집자다. 유럽이나 미국 신문의 인사 구성은 대체로 일선기자, 평기자, 전문기자인 리포터와 이들 위에서 신문의 지면을 만드는 에디터로 이루어진다.

바틀리는 유대 일루미나티 세계권력의 특A급 매스컴 중의 하나인 《WSJ》(월스트리트 저널)의 간부 기자다. 따라서 일루미나티의 내부 극비정보도 충분히 알 수 있는 매스컴 관계자로 추정된다. 바틀리는 2003년 6월, 이탈리아의 시에나에서 개최된 국제은행가 및 국제금융가들의 비밀회의에 참석하고, 그 회의에서 토론된 내용에 의거하여 그 해 6월 30일 《WSJ》지에 논설을 썼다.

이 시에나 비밀회의를 주최한 사람은 로버트 먼델(Robert A. Mundell : 1932~ ; 경제학자. 먼델 플레밍 법칙의 발견자)이다. 먼델은 1932년 캐나다에서 태어나 1950년대에 런던 경제학원을 졸업했다. 그의 스승은 라이오넬 로빈스(Lionel C. Robbins ; 1898~1984)로 알려졌다.

로빈스는 런던시티은행 금융업계의 핵심인물이고, 그의 동료 프리드리히 폰 하이에크는 먼델과 함께 1947년 비밀리에 조직된 몽펠랑 협회(The Mont Pelerin Society)의 방향을 결정한 중심인물이다. 이 몽펠랑 협회는 비밀결사처럼 행동하고 네오콘파와 파시스트적 시날시스트를 위하여 경제정책을 제공해왔다(《EIR》, 2003. 7. 11: 8)고 프리먼은 적고 있다.

먼델은 IMF, 즉 국제통화기금의 국제 이코노미스트의 책임을 맡은 1960년대에 '시에나그룹'에 합류했다. 이 시에나그룹은 시에나 몬테 디 파시은행(Monte dei Paschi Bank of Siena)에 의하여 지배받고 있는데, 이 은행은 1472년에 창립되어 현재까지 기능을 유지하고 있는 세계에서 가장 오래된 은행이다.

먼델은 시카고대학에서 밀턴 프리드먼(Milton Friedman)과 함께 일을 한 후, 1974년 컬럼비아대학으로 적을 옮긴다. 여기에서 먼델은 로버트 바틀리, 주드 와니스키, 아트 래퍼, 잭 캠프 등을 가르친다. 먼델의 학설은 '서플라이사이드 이코노믹스(공급경제학)'로 알려져 있는데, 이 학설은 1980년대 레이건 정권 때 먼델의 제자들에 의해 정책화되어 엄청난 재난을 초래했다.(프리먼, 앞의 글).

1990년 먼델은 세계중앙은행의 창설을 제창하기에 이른다. 그에 따라 "1999년에 과두권력체제는 그에게 노벨 경제학상을 받게 할 정도로 (그를) 배려했다"는 것이며, 시에나 비밀회의는 이 먼델에 의해 주도되고 오늘날 세계중앙은행과 세계통화를 창출할 시기가 왔다는 결론을 내렸다고, 프리먼은 그의 기사에서 설명한다.

2.

프리먼은 또 세계금융 과두권력체제의 가까운 미래의 행동계획은 다음과 같다고 묘사한다.

① FRB, 즉 미국연방준비제도는 2003년 6월 25일, 이자율을 1퍼센트라

는 전대미문의 낮은 수준으로 끌어내렸다.

② 이 정책은 국제금융의 버블과 미국의 부동산 버블을 더 철저하게 부채질할 것이다.

③ 그리고 (어느 시점에) 이 버블을 터트린다.

④ 그런 다음 미국연방준비제도는 이자율을 7~8퍼센트로 인상한다.

⑤ 이리하여 전면적인 경제의 붕괴를 연출하고,

⑥ 세계전쟁의 조건이 성숙하게 된다.

⑦ 동시에 초(超)세계은행이 주도하여 세계통화의 발행을 위한 기운도 성숙하게 된다.

⑧ 이것이 미국의 네오콘파, 보다 정확하게 말하면 국제 시나키스트에 의하여 준비되고 있는 대본이다.

린든 라러슈와 《EIR》지는 시나키스트(synarchist) 인터내셔널이라는, 나폴레옹 1세 시대로 거슬러 올라간 국제비밀결사가 미국 네오콘파의 배후에 숨어있다고 주장한다. 폴 갈라거(Paul Gallagher)는 〈상처입은 제국주의적 당(黨)은 새로운 전쟁으로서 반격할 것이다〉(《EIR》, 2003. 7. 25: 42)라는 기사에서 미국 네오콘파(시나키스트)는 다음의 3개의 전선에서 반격할 준비를 하고 있다고 경고하고 있다.

① '금융적·경제적 9·11' 을 준비한다. 이것은 2003년 6월 27일 이탈리아 시에나 비밀회의에서 충분히 토의되었다.

② 미국과 영국은 이란에 대한 침략전쟁과 이란의 체제변혁을 위한 행동에 나설 것이다. 동시에 이스라엘 정부로 하여금 소위 팔레스타인 '로드맵' 을 파기하게 한다.

③ 미국은 2003년 12월, 눈이 내리기 전에 북한에 대해 핵무기의 사용을

포함한 전쟁을 개시한다.

그러면 유럽연합은 어떻게 할 것인가? 그리고 러시아는?
《오타 류 時事寸評》(2003. 8. 9. 제664회)에서 인용한다.

"라러슈의 경고 – 한반도를 시작으로 러시아와 미국의 전면적인 핵 대결 위협
이 증대되고 있다."

· 《EIR》지 속보에 의하면 8월 6일 린든 라러슈는, 미국 부통령 딕 체니 및
그의 네오콘 참모진에 대하여 그들과 북한의 대결로 인해 핵전쟁의 위험
에 빠져들 것이라고 경고했다.

· 한반도에서 핵전쟁 위기란 어떤 것인가?

· 라러슈는 러시아의 개입을 문제의 핵심으로 보고 있다.

· 이미 2003년 4월 11일 로슈코프 러시아 외무차관은 북한의 핵무기 보유
에 대하여 경고했다.

· 이 기사는 일본 매스컴에도 소개되었다. 유럽과 미국의 정보통은 이에
대해 러시아 정부의 북한에 대한 경고라고 해석했다.

· 라러슈는 이 해석이 옳지 않다고 분석한다.

· 그는 러시아 정부가 미국과 러시아의 전면적 핵 대결을 상정하고 있다고
본다.

· 러시아의 로슈코프 외무차관은 8월 6일 《프랑크푸르트 알게마이네 차
이퉁》과의 인터뷰에서, 러시아는 북한에 대한 미국의 핵 공격을 용인
하지 않는다고 말했다(실제로는 훨씬 온건한 표현이지만 그 취지는 그
대로다).

· 라러슈는 이것은 이미 한반도라는 국지적 문제가 아니라고 말한다.

· 그것은 곧 전 세계적, 전 지구적 규모의 군사 대결의 서곡이 될 것이며,

· 러시아 정부는 미국과의 핵 대결에 대비하여 중국 및 인도와 우호관계를 강화하고 있다.

· 중국과 인도는 모두 핵보유국이다.

· 또 러시아는 독일, 프랑스와 군사적 우호관계 강화에 노력하고 있다.

· 라러슈는 네오콘이 세계 지정학(地政學)적 상황에 대하여 너무 무지하다고 경고한다.

· 이 건에 관해서는 우리들은 존 콜먼 박사의 몇 권의 저서(《임박한 파국》, 《석유의 전쟁과 팔레스타인의 어둠》, 《9·11 음모는 마법과 같이 세계를 바꿨다》)를 여기에서 다시 참조해야 할 것이다.

· 러시아는 '죽은 개' 또는 '죽어가고 있는 개'라고 미영 일루미나티 세계권력의 프로파간다들은 셀 수 없을 정도로 전 세계 사람들에게 각인시키고 있다.

· 이 평가는 완전히 틀렸다고 콜먼 박사는 여러 차례 강조해왔다.

· 《EIR》지는 속보에서 7월 31일 푸틴 러시아 대통령이 러시아연방 핵센터(RENC)를 방문했는데, 이는 중요한 의미를 갖는다고 밝혔다.

· 이 건에 관해서는 계속 보도한다.

3.

《EIR》지 2003년 8월 1일자 31~2페이지에 〈체니는 1990년대에 이미 오늘날 부시의 기본정책을 작성했다〉(에드워드 스파나우스, 제프 스타인버그)라는 기사가 실렸다.

이 기사에 의하면 2001년 9월 11일 사건 직후에 부시(아들) 정권이 실행하기 시작한 기본정책은, 1990년 냉전종결 후 당시 체니 국방장관(현 부통령)을 중심으로 한 작전팀에 의해 만들어져 1992년 2월 'DPG

(방위계획지침) 초안'으로 완성되었다고 한다.

이 작전팀의 중심인물은 폴 울포위츠, 루이스 리비, 에릭 에델먼 등 세 사람이다. 이들은 모두 네오콘파의 핵심인물이다. 이 초안은 1992년 2월, 미국의 매스컴(뉴욕타임스, 워싱턴포스트)에 폭로되었다.

그 핵심사항은 다음과 같다.

"소련 공산체제의 붕괴로 미국은 미증유의 대승리를 거두었다. 나아 가 이라크에 대한 전쟁(1991년)에서도 승리했다. 독일과 일본은 민주주 의권 속으로 단단하게 들어와 있다. (이러한 새로운 정세 속에) 우리의 제1의 목표는 구 소련 영내일지라도, 또 그 밖의 어떤 지역일지라도 새 로운 (미국의) 경쟁상대의 출현을 저지하는 것이다.……"

이것은 단적으로 말하면 팩스 아메리카나의 요구이다. 팩스 아메리 카나란 팩스 로마나의 모방이다. 이 팩스 로마나를 '로마의 평화'라고 번역하는데, 전혀 맞지 않다. 팩스(Pax)란 평화가 아니라 일체의 반란 을 용서하지 않는, 제국영토 내의 반란을 곧바로 진압·진정해버린다는 '평정'을 의미한다. 한마디로 로마제국의 법률과 통치를 관철한 그 시 스템의 작용을 말한다.

'팩스 아메리카나'는 옛날 로마제국과는 본질적으로 다르다. 로마의 영토는 지중해 주변, 유럽의 남반부, 브리튼 섬의 남부, 동방은 메소포 타미아까지다. 로마는 페르시아를 정복하지 못했다. 그러나 미국이 제 국의 영토로 설정한 범위는 바로 전 세계의 육지 전체뿐 아니라 일곱 개 의 대양은 물론, 지구 주변의 우주공간도 포함하고 있다.

1992년 봄, 조 바이든 미 상원의원은 DPG 초안이 《뉴욕타임스》에 발표된 후, "이 초안은 문자 그대로 팩스 아메리카나, 즉 아메리카제국 을 요구하는 것이며, 21세기의 미국의 외교정책은 사실상 유라시아대 륙 전체에 대한 미국의 영구적 제압과 지배를 목표로 해야 할 것이다"

라고 주장하면서 이 초안을 강력하게 비판했다.(앞의 글: 32).

이 초안은 부시(아버지)에 의하여 받아들여지지 않았고, 1992년 11월 미 대통령선거에서 민주당의 클린턴이 당선되자 그 후 8년간 창고에 묻혔다. 그러다가 2000년 연말에 부시(아들)에게 억지로 미 대통령의 지위를 만들어주면서(훔쳐서), 체니와 네오콘파가 화려하게 무대에 등장한 것이다.

4.

아들 부시의 등장에는 눈에 보이는 숨길 수 없는 억지가 대단히 많다. 2000년 11월의 미 대통령선거에서 민주당의 고어 후보는 총 득표수에서 부시보다 많았다. 선거인 수에서도 플로리다 주를 고어가 획득했다면 그의 승리가 확정되었을 것이다.

그러나 플로리다의 공화당 주지사 부시(젭 부시)는 투표 당일 훨씬 전부터 형의 당선을 위하여 민주당 지지자가 압도적으로 많은 흑인 선거민의 투표권을 박탈하는 등, 주도면밀한 포석을 마련해놓고 있었다. 그럼에도 개표를 해보니 플로리다조차도 부시(아들)의 승리를 장담할 수 없었다. 오히려 고어가 근소하나마 다수를 차지했다. 그런데 우여곡절 끝에 미국연방최고재판소의 평결에 의하여 플로리다 주에서 부시(아들)의 승리가 선고되었다. 이것은 미국 역사상 미증유의 흉사(凶事)다.

"왜 부시가 대통령선거에서 이겨야만 했는지 오늘날 그 이유는 명백하다. 경쟁자 고어는 부시 = 체니 '석유정권'이 추진하려고 하는 구상에 분명한 반대를 표명하고 있었기 때문이다…."

"앨버트 고어는 지금 일어나고 있는 중동의 재편성을 지지하지 않았기 때문에 대통령의 자리를 놓쳤을 뿐만 아니라 정치의 표면에서 사라

저야 했다."

(존 콜먼,《9·11 음모는 마법과 같이 세계를 바꿨다》: 26~7).

존 콜먼 박사는 또 이렇게 주장한다.

① 미국은 독립주권국가인 체하고 있지만 사실은 아니다. 미국은 독립주
권국가라는 훌륭한 체제가 아니다.
② 그러면 미국의 주인, 미국의 주권자, 미국의 지배자는 누구인가? 그것은
영국 왕실을 핵심으로 하는 세계권력, 곧 '300인 위원회' 라고 주장한다.
③ J. F. 케네디 전 미국 대통령은 많은 중요정책에서 '300인 위원회' 의
명령을 거부했을 뿐만 아니라 미국통화의 FRB에 의한 독점발행권에 도전
한, 그들로서 용서할 수 없는 '폭거' 였으므로 본때를 보이기 위해 1963년
11월 22일 미국 텍사스 주 댈러스에서 백주에 공공연하게 사형당했다.
④ 클린턴 민주당 정권 8년(1993. 1~2000. 1) 뒤에, '300인 위원회' 는
PNAC(새로운 미국의 세기를 위한 프로젝트)에서 작성한 아프가니스탄,
이라크 점령을 시작으로 전 유라시아대륙을 제압하기 위한 제3차 세계대
전 작전을 발동하려고 했지만, 고어는 그것을 거부했다.
⑤ 그래서 '300인 위원회' 는 어떻게든 부시(아들)를 당선시킬 방침을 결
정하였고, 그렇게 사태는 진행되었다.

'300인 위원회' 의 이 방침이 순조롭게 실행에 옮겨지기 위해서는 어
떠한 일련의 조건이 필요했을 것이다. 어지간한 것으로는 성공할 수 없
다. 그것을 위해서는 작은 과제를 포함해서 몇 백, 몇 천의 현안이 해결
되지 않으면 안 될 것이다.

5.

① 먼저 매스컴.

신문, 잡지, 텔레비전, 서적, 출판, 영화, 비디오 등 미국의 매스컴산업은 최근 들어 두드러지게 과점·집중화가 진행되고, 그 대부분은 서너 개 그룹(머독그룹, 디즈니그룹, GE그룹, 기타) 산하에 편입되고 있다.

② 그리고 그러한 매스컴그룹의 경영은 톱다운, 즉 정상의 한 사람이 결정하고 그 명령은 군대식으로 관철된다.

③ 그러한 매스컴의 최고간부는 '300인 위원회'의 직계다.

④ 따라서 '300인 위원회'가 '부시 당선, 고어 낙선'의 명령을 내리면 전미 매스컴은 그 방침으로 미 국민을 세뇌하고 조작한다.

⑤ 이 기본방침을 시시각각 구체화한 기관은 타비스톡 연구소다.(앞의 책: 205).

⑥ 300인 위원회가 전력을 다하여 고어의 당선을 방해했음에도 불구하고 고어가 당선될 경우, 그 대비책으로 부통령 후보에 네오콘 일파이자 유대인인 조지프 리버먼 상원의원을 붙였다.

⑦ 선거결과의 초점이 될 것으로 예상된 플로리다 주에 대해서는 부시의 동생을 지사로 당선시켜 전력을 다하여 공화당 부시(형)를 당선시키기 위한 공작을 시작한다. 이에 관한 것은 **마이클 무어**의 《명청한 백인들》(Stupid White Men) 속에 상세하게 서술되어 있다.

> **마이클 무어(Michael Moor)** | 다큐멘터리 영화감독이기도 한 이 작가는 〈화씨 9·11〉이라는 영화로 2004년 칸느영화제 대상인 황금종려상을 수상하기도 했다.

⑧ 2000년 대통령선거의 최종결정을 연방최고재판소에서 맡을 경우에 대비해 미리 손을 써놓는다.

⑨ 2001년 9월 11일의 사건을 비밀리에 추진한다.

⑩ FBI의 고위직이었던 존 오닐은 강경한 수사전문가로 일루미나티 300인 위원회 내부인사가 아니다. 이 오닐이 알 카에다와 오사마 빈 라덴의 작전을 알아차리고 추적하려고 했지만, 사사건건 정부(부시 정권)의 방해를 받고 분개하여 FBI를 사임해버렸다. FBI를 퇴직한 후 뉴욕 맨해튼 세계무역센터 빌딩 경비주임으로 취직했다. 그러나 그는 9월 11일 사건으로 순직했다.

너무나도 잘 맞아떨어지는 이야기라서 도저히 그냥 우연이라고는 생각할 수 없다.

이 정도로만 열거하고 나머지는 생략지만, 이 모든 일을 아무런 티도 내지 않고 정연하게 실행해가는 그 배후의 세력의 정체는 무엇인가? 작은 결점이 생겨도 금세 수습해버리는 그 배후세력은….

존 콜먼 박사에 의하면 300인 위원회는 21세기 초부터 신세계질서(New World Order) 완성을 위하여 소위원회를 미국 내에 조직했다고 한다.(앞의 책: 144 이하). 여기에는 '새로운 아메리카' 건설을 목표로 하는 위원회의 초기 주요멤버 22명(사망한 2명 포함)의 이름이 열거되어 있다.

그 중에 명확하게 유대인이라고 알려진 사람이 14명이다. 게다가 네오콘파가 9명이다. 스티븐 부리엔, 제임스 울시, 리처드 펄, 어빙 크리스톨, 폴 울포위츠, 로버트 케이건, 마이클 레딘, 엘리엇 에이브럼스, 노먼 보들렛.

이 네오콘 9명은 전원 유대인이다. 콜먼 박사에 따르면 22명 중에 특히 중요한 역할을 맡고 있는 리처드 펄과 스티븐 부리엔은 이스라엘 정보부 요원으로 워싱턴 D.C.에 파견되었다(앞의 책: 146)고 한다.

6.

콜먼 박사는 2001년 9월 11일과 같은 사건은 아주 고도의 군사기술을 필요로 하는 작전이고, 지금 세계에서 이 정도의 작전능력을 가진 나라는 전 세계에서 3개국, 즉 미국, 러시아, 이스라엘뿐(앞의 책: 76)이라고 한다.

그는 이 군사작전을 수행했을 가능성이 있는 진영은 다음의 일곱 가지 경우라고 보고 있다.

① 미국 단독
② 러시아 단독
③ 이스라엘 단독
④ 미국, 러시아 두 나라의 연합
⑤ 미국, 이스라엘 두 나라의 연합
⑥ 러시아, 이스라엘 두 나라의 연합
⑦ 미국, 러시아, 이스라엘 세 나라의 연합

이 7가지 중 ②③④⑥⑦항은 우선 있을 수 없다고 주장한다. 현실적으로 상정 가능한 것은 ①항의 미국 단독, ⑤항의 미국, 이스라엘 두 나라의 연합이다. 이 두 가지 중 가장 그럴듯한 것이 ⑤항(미국, 이스라엘 두 나라의 핵심기관과 정보기관이 극비밀리에 연출했다)이라고 콜먼은 본다.

그러나 이렇게 말하는 것도 표면적이다. 보다 깊게 실태에 접근하면 어떻게 될까? 다음과 같이 나타내보자.

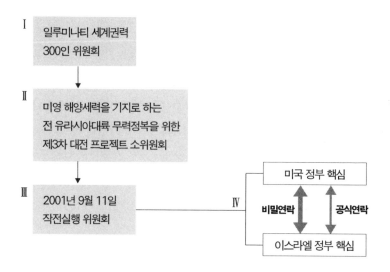

I 일루미나티 세계권력
   300인 위원회

II 미영 해양세력을 기지로 하는
    전 유라시아대륙 무력정복을 위한
    제3차 대전 프로젝트 소위원회

III 2001년 9월 11일
     작전실행 위원회

IV

미국 정부 핵심

비밀연락   공식연락

이스라엘 정부 핵심

7.

이와 같이 도표로 그려보면 소위 네오콘파라고 불리는 세력의 역할이 백일하에 드러난다. '네오콘'은 (IV)의 차원에서 부시(아들) 정권 성립 후 미국의 핵심권력과 샤론 이스라엘 정권의 핵심을 잇는 비밀연락선에 위치한다. 게다가 네오콘의 몇 명은 부시 정권의 요직을 장악하고 있다.

그들을 살펴보자.

① 폴 울포위츠 국방성부장관
② 볼든 국무성차관
③ 페이스 국방성차관
④ 에이브럼스 대통령 중동문제보좌관
⑤ 리처드 팔 국방평의회의장(후에 의장을 사임하고 위원이 됨)

'네오콘'파는 아니지만 네오콘에 동조하는 체니 부통령, 럼스펠드 국방장관을 포함하면 부시 정권의 주류가 (Ⅰ)→(Ⅱ)→(Ⅲ)→(Ⅳ)의 구조와 그 노선이 명백하고 완전하게 자리잡는다. 여기에서 우리는 다시 '네오콘'파와 부시 정권의 핵심인사인 체니 부통령과 럼스펠드 국방장관의 관계를 자세히 알아야 할 필요가 있다.

대부분의 일본인 아니, 거의 모든 일본인에게 '네오콘'은 2002년 가을 이후 미국이 제2차 대이라크 전쟁을 추진하기 시작하여 2003년 3월 20일에 개전하기까지 약 6개월 동안 이 이상한 전쟁의 양상이 갑자기 시야에 들어온, 굉장히 신기하고 찰나적인 현상으로밖에 보지 못하고 있다. 그러나 이러한 견해에 대한 비판은 여기에서는 논외다.

린든 라러슈는 이에 대해 다음과 같이 서술하고 있다.

"J. F. 케네디의 암살(1963. 11. 22)은 네오콘과 결부하고 있던 세력에 의해 실시된 작전의 결과다. 네오콘은 단순한 농담거리로 끝낼 문제가 아니다. 그들은 바보 같다. 그러나 당신은 그들에 관하여 농담을 해서는 안 될 것이다. … 케네디는 베트남 전쟁의 길을 열기 위하여 (네오콘과 결부하고 있던 세력에 의해) 살해되었다. 베트남 전쟁은 공식적인 미국 군사전략정책—우리가 최근 이라크 전쟁 및 그 밖의 전쟁에서 본 것처럼—의 방향을 바꾸기 위한 가장 두드러진 기도였던 것이다. 이것은 아이젠하워에 의하여 '군산복합체'라는 이름이 붙여졌다. 그 그룹에 의한 전쟁이 베트남 전쟁이었고, 그 그룹은 바로 네오콘이다."(라러슈,《EIR》, 2003. 7. 4: 27~8).

케네디 암살은 40년 전의 일이다. 라러슈는 케네디 암살이 현재의 네오콘과 밀접하게 관련이 있다고 말한다. 정말일까? 그렇다면 네오콘이란 대체 어떤 자들일까?

네오콘의 목표는 1차적으로 미국군대의 근본적인 변혁과 본질적인 변형에 있다. 즉 RMA(Revolution in Military Affaires)이다. 그리고 그 RMA(군대변혁)를 1970년대부터 럼스펠드와 체니가 추구해왔다. 그렇게 보면 체니와 럼스펠드는 아주 오래 전부터 밀접한 관계가 있었다는 말이 된다.

그렇다면 체니와 럼스펠드가 말하는 RMA란 무엇일까? 그것은 단적으로 말하면 적을 죽이는 기술을 비약적으로 끌어올리는 것이다. 다시 말해 고도로 효율적인 살상 능력을 말한다. 오늘날 미군병사는 병사가 아니다. 그들 말대로라면 그들은 전장의 비디오게임 플레이어다.

그러면 이 공상적인 군사시스템은 누가 고안해낸 걸까?

8.

이 군사시스템의 근본은 H. G. 웰스와 버트런드 러셀에서 유래한다.(라 러슈, 앞의 책: 28).

러셀은 선제 핵전쟁이론을 고안해냈다. 또 웰스는 핵무기의 공포심으로 각 민족국가가 국가주권을 버리게 하여 세계정부의 일부로 만드는 이론을 전개했다.

그러면 라러슈는 이 대목에서 무엇을 말하고자 했던 걸까?

참고로 존 콜먼 박사의 《300인 위원회》의 권말에 과거 및 현재의 300인 위원회 회원명부가 수록되어 있다. 러셀과 웰스, 두 사람의 이름이 거기에 버젓이 나온다. 이 두 사람은 300인 위원회의 정규회원이었던 것이다.

사실상 세계권력으로서 '300인 위원회'의 존재는 존 콜먼 박사에 의하여 처음으로 전 세계에 알려졌다. 그에 의하면 영국 동인도회사(BEIC)에 '300인 평의회'가 있었는데, 인도대륙 전부가 대영제국의 영토로 편입된 19세기 중반에 2백 수십 년에 걸친 영국 동인도회사의 역할은 끝이 난다. 그 시점에서 이 '300인 평의회'는 가까운 미래의 대영제국을 세계 제국의 본당으로 건설하는 것을 목표로 하는 새로운 '300인 위원회'로 극비리에 개편되었다. 그렇게 해서 19세기 중반에 탄생했고, 약 반 세기의 준비기간을 거쳐 19세기 말에는 그 조직체제가 거의 완성되었다고 콜먼 박사는 서술한다. 러셀도, 웰스도 19세기 말에 정식으로 만들어진 이 300인 위원회에 초기부터 활동하고 있었던 것이다.

극비의 이 세계권력 '300인 위원회'의 목적과 목표는 무엇일까?

그것은 세계국가의 완성이다. 그러나 세계국가를 건설한다고 하는 것은 현존하는 모든 민족, 국가, 국민국가, 왕국, 제국, 인종 및 부족 등을 파괴한다는 것을 의미한다. 즉 무력에 의한 정복이다. 무력에 의한 정복이란 요컨대 전쟁이다.

세계국가를 실현한다는 것은 현재의 어떤 민족국가나 왕국보다 월등하고 고도로 발달한 군사기술을 독점하고 있음을 의미한다.

웰스는 '300인 위원회 세계권력'의 창출을 본질로 하는 SF(과학픽션)소설이라는 새로운 문학영역을 개척했다. 그 후 1백여 년 동안 SF소설의 대다수가 미국과 영국, 두 나라에서 무수히 쏟아져 나왔다. 이 SF소설이라는 것은 단순한 엔터테인먼트가 아니다. 그것은 고도로 정치적이고 이데올로기적이다. 현대 SF소설계의 대가인 아서 클라크는 영국 정보기관원(M16)이라는 설이 돌 정도다.

웰스는 1928년에 《공개된 음모》(Open Conspiracy)를 출판한 후, 1930년대에 신세계질서(New World Oder)에 관하여 몇 권의 책을 썼는데 이 모두가 세계국가 건설과정을 그린 것이다. 그 안에 고엽(枯葉), 핵무기, 생물무기 등이 사용될 것을 예고했다.

9.

라러슈에 의하면 웰스의 사상과 노선을 미국에 정착시킨 것은 윌리엄 얀델 엘리엇(Willam Yandel Elliot)이라고 한다.(앞의 책: 28).

엘리엇은 영국에서 미국으로 이주하여 장기간에 걸쳐 하버드대학(데파트먼트 오브 가번먼트) 교수로 있으면서 브레진스키, 키신저를 포함한 많은 인재를 육성했다. 이 엘리엇의 업적은 시카고대학의 레오 스트라우스 교수에 필적할 만하다. '데파트먼트 오브 가번먼트'를 직역하면 '정부관료 양성학부' 쯤 될 것이다. 일본에는 이 말에 딱 부합하는 학부가 존재하지 않는다.

똑같이 영국에서 미국으로 이주하여 커다란 영향을 끼친 또 한 사람의 학자는 중동 아랍 이슬람문제 전문가인 버나드 루이스(Bernard Lewis)이다. 그는 미국 네오콘파로서 중동 이슬람문제의 대가로 알려져 있다.

《EIR》지는 최근 10년간 집요하게 이 세 사람(레오 스트라우스, 버나드 루이스, 윌리엄 얀델 엘리엇)을 비판해왔다. 이러한 거물 학자들은 300인 위원회의 세계권력 대본에 입각하여 미국의 인텔리계층, 학계, 사상계를 근본으로부터 변혁하고 미국을 신세계질서의 일부로 편성할 목적으로 제2차 세계대전 후 미국에 파견된 사람들이다.

이렇게 중요한 정보 내지 상황의 추이를 일본인은 무엇 하나 정확하게 인식하지 못하고 있다. 한마디로 대세가 일본인들 눈에는 보이지 않는 것이다.

라러슈는 계속 서술한다.

"코제프는 헤겔과 니체의 융합을 명확하게 승인하고 '역사의 종말'

에 관한 디오니소스적 이론과 자신의 이론을 결부시켰다. 은밀한 시나키스트인 러셀은 웰스가 1928년에 쓴 《공개된 음모》에서 묘사한 '세계 정부'의 시스템을 어떻게 만들 것인가에 대해 제안했던 것일까? 러셀은 '예방적(선제 공격적) 핵전쟁'으로 협박할 것을 제안한 것이다. 바꾸어 말하면 무서운 괴물을 풀어놓고 모든 국민, 모든 민족이 이 공상 속의 그러나 궁극적으로 완성될 악의 신 앞에 엎드리도록 꾸민 것이다. 마치 오늘날 또다른 시나키스트 체니가 실행하고 있는 것처럼…. 이것이야말로 니체가 말하는 '초인(슈퍼맨)'이다. 이것이 헤겔이 은밀한 니체의 역사철학, 니체의 국가철학에 있어서 지고한 영웅이기도 한 이유다. 이런 의미에서 코제프의 헤겔 독해는 정확한 것이었다."(《EIR》, 2003. 8. 8 : 27).

10.

러셀과 웰스를 '암묵의' 또는 '은밀한' 시나키스트라고 부른다. 여기에서 라러슈가 '시나키스트'라고 부르고 있는 진영의 본체는 무엇일까? 그는 그것을 악마주의자(惡魔主義者, Satanist)라고 말한다.

악마주의란 무엇일까? 그 유래는 성서, 특히 창세기로 거슬러 올라간다. 라러슈의 지론을 요약하면 다음과 같다.

① 창세기에 신은 신의 모습을 닮은 인간을 만들었다.
② 여기에서의 신은 GOD, 즉 만물을 창조한 크리에이터로 조물주를 의미한다.
③ 따라서 이 정의를 채택하면, 인간은 GOD의 성격과 능력을 지닌 크리에이터(창조자, 조물주) 성질을 갖게 된다.

④ 여기에 인간과 동물의 차이가 있다. 동물에게는 창조하는 능력이 없다. 반면 인간은 신으로부터 창조하는 능력을 부여받았다.

⑤ 악마주의의 본질은 이런 사항에 관계하고 있다. 즉 그것은 인간의 신성(神性) 또는 창조하는 능력을 부정하고 인간을 동물의 차원으로 퇴화시키려는 이데올로기다. 한마디로 '인간의 동물화'이다. 시나키즘, 시나키스트의 본질은 악마주의 및 인간의 동물화를 목적으로 하는 이데올로기 집단이다. 이에 대해서는 약간의 보충설명이 필요하다.

· 악마주의란 인간을 동물로 타락·퇴화시키고 동시에 자신들 과두권력자들만이 크리에이터로서의 능력과 본성을 독점하는 이데올로기다.

· 따라서 악마주의자가 완전히 지배·제압하는 사회는 다음 표와 같다.

신과 동일한 조물주로서의 자격이 있는 초인	→	그 초인에 의하여 가축으로서 관리되는 가축사람의 무리

그런데 위 사회체제는 어딘가에서 본 적이 있는 것 같은데, 어디에서 봤을까? 그것은 저 악명 높은 유대의 탈무드였다. 탈무드에 의하면,

① 유대인만이 인간이다.

② 비유대인은 유대인에게 봉사해야 할 인간가축(휴먼캐틀)이다.

③ 유대인은 신에 의해 선택된 것이다.

즉, 시나키즘이라고 하는 귀에 익지 않은 이 비밀결사는 유대교와 매우 닮은, 또는 그 근본이 같은 것처럼 보이는 것이다.

5

네오콘의 원천
- 마키아벨리

1.

시카고대학을 졸업했고 현재는 미국 일리노이대학 법학교수로 있는 프랜시스 보일(Francis A. Boyle)의 〈스트라우스 학파 네오콘 – 도덕적으로 오염된 물〉(《EIR》, 2003. 8. 22: 48~9)이라는 짧은 문장은 우리에게 많은 것을 가르쳐준다. 이 기사는 원래 같은 해 8월 2일 카운터펀치 닷컴(Counterpunch.com)에 〈네오콘스, 펀디스, 펜디스 그리고 시카고대학〉이라는 제목으로 게재한 것이기도 하다.

보일은 1968년에 시카고대학에 입학했다. 레오 스트라우스는 보일이 입학하기 직전에 시카고대학을 퇴직했지만, 보일은 스트라우스의 제자인 조지프 크럽시(Joseph Cropsey)로부터 교육받았다고 한다. 보일 교수는 이렇게 말한다.

"시카고대학 정치과학부 졸업생으로서 나의 개인적 경험에 의하여 나는 드러리 교수의 스트라우스에 대한 파멸적 비판에 전적으로 동의한다. 나는 또 드러리 여사의 시카고대학 스트라우스 일당에 의한 미국 정치과정의 타락과 부패에 관한 철저한 분석에도 동의한다."(앞의 책: 48).

여기에서 드러리 교수의 스트라우스 비판서는 《레오 스트라우스의 정치사상》(1988)과 《레오 스트라우스와 미국의 우익》(1997), 이 두 권의 학술서를 말한다.

보일 교수에 의하면 최근 시카고대학은 공식적으로 부시(아들) 정권 내에 들어간 스트라우스 학파의 개개인에 대해 일일이 축하했다고 한다. 다음은 그들의 얼굴이다.

① 울포위츠(1972년, Ph. D 박사)

아마드 찰라비 | 이 이라크인은 2003년 3월 20일 미영 연합군이 이라크 침략전쟁을 개시하자마자 세계적인 유명인사가 된다. 오랫동안 망명하고 있던 반후세인파의 거물로 떠오른 것이다. 미국과 영국은 후세인 정권을 전복하고 바그다드를 점령한 후 친미 이라크 괴뢰정권의 대표로 이 찰라비를 내세웠다. 미국 CIA는 그를 아주 싫어하지만 네오콘파는 강력하게 내세운다. – 저자
* 2004년 중엽, 무슨 이유에선지 찰라비는 이라크 임시정부에서 배제된 상태다.

② **아마드 찰라비**(1969년, 박사)

③ 아브람 샤르스키(1968년, 박사)

④ 자르메이 카리루자드 (1979년, 박사)

보일 교수에 의하면 시카고대학 스트라우스 학파의 교육은 마키아벨리의 《군주론》을 주된 골격으로 하고 있다고 한다.

《군주론》 제18장에 이런 말이 나온다. "누군가를 속이려고 하는 자는 언제나 속는 자를 발견할 수 있다."

"시카고대학 정치과학부의 졸업생으로서 개인적 경험에 근거하여 나는 증언할 수 있다. 시카고대학의 친이스라엘적 네오콘파, 스트라우스 학파의 바이블은 마키아벨리의 《군주론》이라고."(보일, 앞의 글: 49).

드디어 마키아벨리가 전면에 나오기 시작한다. 마키아벨리는 어떤 사람일까?

2.

윌리엄 브램리(William Bramley)는 《에덴의 신들》(The Gods of Eden)에서 다음과 같이 마키아벨리를 평가하고 있다. 그의 평가를 들어보자.

① 초(超)고대시대부터 우주인이 지구에 와 지구원주민을 노예화했다는 설을 브램리는 세운다.

② 브램리는 그 우주인을 카스트디안(감시자, 감시인, 관리자)이라고 한다.

③ 이 감시자가 지구원주민을 지배하는 주된 방법이 분열시켜서 지배하는 것이다.

④ 그것을 조금 더 구체화하면, 지배대상인 인간집단들 간에 싸움을 일으키고 그 싸움을 격화시켜서 서로 죽이는 전쟁을 하게 한다.

⑤ 감시자는 당연히 배후에서 전쟁을 선동하고 부채질한다.

⑥ 15~6세기 이탈리아에 출현한 저술가이자 정치가인 마키아벨리의《군주론》에 있는 문장은, 태곳적의 감시자들이 지구원주민을 지배하는 방법과 흡사하다.

마키아벨리와 태곳적의 감시자가 실체적으로 연결된다는 증거는 브램리에 의해 처음 제시된 것은 아니다. 그러나 그는 마키아벨리가 인민을 통치하는 기술로서 설명하고 있는 내용은 옛날의 감시자가 지구원주민을 지배하기 위하여 적용해온 전략전술과 거의 같은 것이라고 그는 보고 있다. 브램리는 그것을 다음과 같이 요약한다.

① 선동자 또는 범인은 사람들 속에 '충돌과 문제'를 만들어내고 사람들이 서로 투쟁하도록 사태를 움직여 갈 것.

② 진짜 선동자의 모습이 표면에 드러나지 않도록 주의 깊게 어둠 속에 숨어있을 것.

③ 전쟁을 하는 모든 당사자에게 원조를 해줄 것.

④ 분쟁을 해결할 수 있는 자비심이 깊은 진영인 것처럼 사람들에게 보일 것.

감시자는 다음처럼 행동해야 한다.

첫째, 사람들(지구원주민) 사이에 의도적으로 분쟁의 씨앗을 심고,

그 분쟁의 씨앗을 싹틔우도록 심혈을 기울이고, 싹이 트면 점점 그 분쟁을 확대하도록 공작한다.

둘째, 그러나 감시자는 분쟁의 선동자, 범인으로서의 정체를 절대로 사람들(대중, 지구원주민)이 알게 해서는 안 된다. 어둠 속에 모습을 숨겨야 한다.

그런 식의 전략전술의 실례는 소위 성서 속에서 많이 찾을 수 있다고 브램리는 말한다.(앞의 책: 84~86). 그 실례의 첫 번째가 유명한 '바벨탑' 사건이다. 그는 바벨탑이 무너진 것은 감시자인 신들(gods)이 인류를 분열시켜서 자신들 지배 아래에 두기 위한 작전이라는 것이다.

"성서를 믿고 있는 사람들은 지금도 성서에 묘사되어 있는 악랄한 마키아벨리주의적 획책의 배후에 지고자(至高者)가 존재한다고 생각하고 있다."(앞의 책: 117).

성서에는 이 마키아벨리주의적 획책이 등장하는데 그 획책의 주인공은 바로 GOD, 즉 야훼다. 순수하고 소박한 눈으로 사태를 관찰하면 야훼는 의심의 여지가 없이 수미일관한 마키아벨리스트인 것이다.

3.

마이클 레딘의 저서 《마키아벨리 – 현대적 리더십에 관하여》(Machavelli on Modern Leadership)(1999)가 일본어로 번역되어 있다. **와타나베 쇼이치**가 옮긴 《마키아벨리의 '지도자' 절대법칙 – 대체 무엇이 '효과적'인가》라는 번역본이 나왔을 때 일본에서는 미국의 '네오콘파'에 관해서 전혀 보도도

Machavelli on Modern Leadership | 국내에는 《마키아벨리의 지도력》이라는 제목으로 출간되었다.

와타나베 쇼이치(渡部昇一) | 일본 보수진영의 학자로 조지(上智)대학 교수로 있다.

되지 않았고 의문도 갖고 있지 않았다. 아마 역자도 레딘이 네오콘파의 핵심이론가 중 한 사람이라는 사실을 몰랐던 것 같다.

"이 책의 저자 레딘이 마키아벨리의 리더십론을 쓴 것은 요즘 미국 정부, 특히 클린턴 정권에 대한 불만과 미국에 대한 애국심과 우국충정 때문이다"(앞의 책: 246).

와타나베 교수는 완전히 핵심에서 벗어난 말을 하고 있다. 또 거기에서 끝나는 것만이 아니다.

"미국 사람들 대다수는 지금 일본의 기준에서 말한다면 '우익적'이라고 할 수 있지만, 레딘은 그 중에서도 실로 분명한 '우익', 즉 견고한 보수파 혹은 미국 지상주의자라고 할 수 있을 것이다."(같은 책).

마이클 레딘이 '미국 지상주의자'라니! 좀 심하다. 이 사람은 미국 지상주의자라기보다도 오히려 '이스라엘 지상주의자'라고 해야 할 것이고, 또 어쩌면 미국에서도 그렇게 간주되고 있는지 모른다.

역자 해설에 의하면 마키아벨리의 《군주론》은 그가 죽은 지 18년 후인 1532년에 출판되자마자 로마가톨릭교회의 금서목록에 들어갔다고 한다. 로마교황청의 발매금지 처분이 프로테스탄트 제국에서도 유효한 것이었는지 모르지만, 1782년에는 공간(公刊)된 것으로 보아 바티칸의 금압(禁壓)은 거기서 해제된 것이 아닌가 생각된다.

로마교황청이 마키아벨리를 위험한 사상가라고 판단하고 《군주론》을 금서로 한 이유는 무엇일까? 그것은 마키아벨리가 구약성서 중에서 이집트시기에 모세가 야훼의 명령에 따라 이스라엘의 백성 3천 명을 감쪽같이 살육한 것을 중시한다는 점이다. 모세는 시나이 산에서 야훼로부터 10개의 계율을 받는다. 모세가 계율을 받고 산을 내려와 보니 이스라엘 사람들은 금으로 만든 송아지를 우상으로 숭배하고 있었다. 그래서 모세는 레위의 자손을 모아서 이스라엘의 백성을 죽였다는 것이다.

마키아벨리는 말한다.

모세는 야훼 신만을 숭배하는 일신교 제도를 확립하기 위해서 수많은 사람을 죽이지 않을 수 없었다고…. 모세는 마키아벨리에게는 영웅이자 교본이고 지침이었다. 그러나 그 정도의 문제로 성서를 신봉하는 바티칸에서 마키아벨리의 저서를 금서로 할 필요는 없었을 것이다. 뭔가 다른 이유가 있지 않았을까?

4.

도대체 모세는 어떤 사람이었을까?

성서에 따르면 모세는 이스라엘의 백성을 이끌고 이집트를 탈출하여 시나이 산에서 야훼로부터 10개의 계율을 받고 가나안(지금의 팔레스타인 및 이스라엘) 땅에 정착했다고 되어 있다. 즉, 모세에 의하여 야훼 신만을 믿는 인류 최초의 일신교가 성립된 것이다. 따라서 모세와 일신교는 불가분의 관계다.

그러면 모세는 유대인이고 이스라엘의 백성일까? 그렇지 않은 모양이다. 윌리엄 브램리는 이집트의 신관이기도 한 역사가 마네토(Manetho; B.C. 300년경 사람)를 인용하고 있다.

모세는 비밀결사에 정식으로 가입하고 교육을 받았다. 모세는 이집트에서 처음으로 일신교를 창설한 파라오, 다시 말해 **아크나톤** 시대 사람으로 모세가 이스라엘의 백성에게 준 일신교는 여기에서 유래한다. 헤브라이 사람들은 그런 모세를 그들의 지도자로 선택했다고 마네토는 기술한다.

아크나톤(Akhnaton) | 고이집트 18왕조의 10대 왕. 그의 재위기간인 B.C 1379~B.C 1362 때 사실적이고 명쾌한 성향의 예술이 탄생했다고 한다.

모세는 **리바이트**의 한 사람이라고 한다. 이 리바이트가 문제다.

데이비드 아이크(David Icke)에 의하면 리 바이트란 이스라엘 민족에 속하기는 하지만 일반 사람들하고는 좀 다르다. 그는 이들이 비 밀결사로서 이스라엘 사람들을 이용하기 위한

> **리바이트(Levites)** | 레위부족, 레위인이 라고도 하며 유대인의 사제가 되는 특수 부족. 후에는 제사장 아래에서 종교적 업 무에 종사하였다.

감시담당 공작원이라고 본다. 따라서 야훼라는 인물은 비밀결사 공작집 단을 의미한다는 것이다. 모세가 등장하는 이집트시기는 소위 비밀결사 리바이트가 꾸며낸 연극이라는 게 그의 주장이다.

그러면 출애굽기의 전 과정을 통하여 이 비밀결사는 무엇을 목표로 하고, 무엇을 달성하려고 했던 걸까? 그것은 '우주인 = 비밀결사'가 지 구원주민을 효율적으로 지배하기 위한 제도의 창설, 다시 말해 일신교의 창설이었다. 마키아벨리에 관한 고찰은 윌리엄 브램리가《에덴의 신들》 에서 서술한 것처럼 이런 깊숙한 부분까지 파고들 것을 요구하고 있다.

구약성서의 예언자들이 말하는 다음의 말을 들어보라.

"내가 열국을 모아 예루살렘과 싸우게 하리니 성읍이 함락되며 (…) 성읍 백성이 절반이나 사로잡혀 가려니와 (…)"(스가랴서 14장 2절)

"그때에 여호와(야훼)께서 나가사 그 열국을 치시되 이왕 전쟁 날에 싸운 것같이 하시리라."(스가랴서 14장 3절)

이 성서의 문장은 '내(GOD)'가 우선 처음에 하나의 진영을 지지하 고, 다음에 그것과 적대하는 다른 진영을 지지함으로써 다수의 민족들 을 충돌하게 하려는 의도를 표현하고 있는데, 그렇기 때문에 정말로 눈 을 번쩍 뜨게 하는 인용문이다. 구약성서에 나타난 이런 행동은 완전히 마키아벨리의 교과서이다.(브램리,《에덴의 신들》: 117).

브램리의 마키아벨리에 대한 평가는 훌륭하다. 마키아벨리는 아주

능숙하게 성서(특히 구약성서)의 핵심을 파악하고 있다. 그러나 그것은 단지 마키아벨리 개인의 재능 때문이었을까? 아니면 마키아벨리가 어떤 비밀결사에 속해 있었기 때문이었을까?

그 점은 아직 알 수 없다.

5.

마키아벨리의 열렬한 팬이었던 헤겔은 이탈리아어 판 《군주론》에 긴 서문을 썼다.(마이클 레딘 저, 와타나베 쇼이치 역, 《마키아벨리의 '지도자' 절대법칙 – 대체 무엇이 가장 '효과적'인가》: 14).

헤겔이 썼다는 이 이탈리아어판 《군주론》에 대한 서문이 일본어로 번역된 적이 있는지 없는지는 알 수 없다. 하여튼 헤겔은 마키아벨리의 열렬한 팬이었다고 마이클 레딘은 말한다.

'열렬한 팬'이었는지 나는 잘 모르겠다.

마키아벨리는 15세기 말에서 16세기 초에 이탈리아에서 살았다. 이 무렵 서유럽(스페인, 포르투갈, 네덜란드, 프랑스, 영국)은 소위 대항해시대라는 이름으로 전 지구적 강탈과 침략의 시대로 돌입하게 된다.

마키아벨리는 《군주론》을 피렌체의 메디치가 주인에게 바쳤다. 이 메디치가를 주목하라! "메디치가는 (당시의) 유럽에서 가장 부유하고 가장 영향력 있는 은행가였다."(브램리: 201). 뿐만이 아니다. 메디치가의 수장, **로렌초 데 메디치**는 아들을 **로마교황 레오 10세**로 만들었다.

로렌초 데 메디치 | 1449~92, 일명 로렌초 일 마그니피코라고 한다. 이 가문은 아래의 레오 10세 외에 클레멘스 7세도 교황에 올랐다.

로마교황 레오 10세 | 세속 이름은 조반니 데 메디치이다. 재위기간 1513~21. 스페인 프랑스 등 외세를 이탈리아에서 몰아내려 애쓰는 등 교황권 강화에 힘을 기울였다. 그러나 사치스러운 생활로 교황청 재정이 바닥나면서 사제직을 매매하고 면죄부를 팔기도 해 마르틴 루터에 의해 비난의 표적이 되었다. 종교개혁의 시발점이 된 인물.

마키아벨리가 피렌체를 중심으로 전 유럽을 무대로 정치외교 활동을 전개했던 그 시대에 베네치아, 피렌체를 거점으로 하는 북이탈리아의 국제금융 과두권력이 스페인과 포르투갈을 이용하여 한편에서는 대서양을 넘어서 아메리카 신대륙을 정복하고, 다른 한편으로는 아프리카대륙을 남하하여 희망봉을 경유하여 인도항로를 발견한 것이다.

마키아벨리는 이 움직임에 직접 관여할 입장은 아니었다. 그렇지만 마키아벨리는 어쩌면 당시의 유럽 크리스트교 세계의 수준을 분명히 뛰어넘는 역사를 전망할 수 있었던 유일한 사상가였던 것으로 보인다.

마키아벨리는 크리스트교의 수명(壽命)을 최대한 3천 년, 최소한 1666년이라고 계산했다. (《정치철학의 역사〔History of Political Philosophy〕》제3판, 1987; 레오 스트라우스·조지프 크럽시 편집), (레오 스트라우스, 《니콜로 마키아벨리〔Nicolo Machiavelli〕》: 314).

이 계산의 근거는 크리스트교와 이슬람 두 개의 종교는 5천 년부터 6천 년 사이에 2~3회 변화할 것이라고 (마키아벨리가) 전망했다는 데 기인한다. 그러나 크리스트교 신자라면 이러한 '신성모독'은 꿈에도 생각할 수 없다. 그렇다면 마키아벨리는 뼈 속까지 열렬한 크리스트교도가 아니었다는 말일까? 만일 그러면 그는 어떤 사람이었을까? 스트라우스의 견해를 더 들어보자.

"따라서 마키아벨리가 이 서술을 통하여 말하고자 한 것은 크리스트교를 포함한 모든 종교가 인간에게서 유래한 것이지 하늘에서 유래한 것은 아니라는 것이다."(스트라우스, 앞의 책).

마키아벨리를 이렇게 볼 수 있다면 다음의 결론을 내릴 수 있다. 즉 그는 크리스트교에 대해서도 이슬람에 대해서도 그것을 초연하게 관찰하는 입장에 서 있는 사람이라고…. 크리스트교가 (그리고 이슬람도 마찬가지다) 인간에게서 유래한다고 하는 언동은 크리스트교도나 이슬람교도라면 결코 나올 수 없는 말이다.

　게다가 '크리스트교(이슬람)에 '수명'이 있다는 발상!

　이것은 태고부터 이어져오고 있는 우주인과 그 비밀결사, 그 본당에 어떤 식으로든지 연결되어 있는 자가 아니고서는 감히 할 수 없는 발상이다.

6.

그러면 마키아벨리가 살았던 시대에 과연 우주인과 그 비밀결사에 연결되어 있는 사람들 및 그 진영, 그 행동의 흔적을 찾아내는 것이 가능할까? 당연하다. 그것도 무수히 찾아낼 수 있다. 이하에 몇 가지의 사례를 열거한다.

　① 1347~50년, 전 유럽을 습격한 소위 흑사병을 들 수 있다. 지금 서양의 학은 이것을 선(腺)페스트(bubonic plague)라고 한다. bubonic은 임파선종(淋巴腺腫)이다. 불과 3~4년 사이에 유럽 전 인구의 약 1/3인 2천5백만 명 이상이 흑사병으로 죽었다고 한다. 3천5백만 내지 4천만 명으로, 당시 유럽 인구의 절반이라고 보는 역사가도 있다.

　② 흑사병은 이 시기를 전후해서 약 400년 동안 유럽에 머물렀고 그로 인해 죽은 사람은 모두 1억 명 이상이라고 한다.

　③ 이 시기 유럽 상공에는 UFO가 빈번하게 출현했고 흑사병이 발생하기 전에 UFO에서 살포되었다고 추정되는 안개가 내렸다. 윌리엄 브램리는 이에 대해 우주인이 생물무기로 지구인류를 공격한 전쟁이었다는 설을 세우고 있다.(《에덴의 신들》: 180~1).

　④ 우주인(브램리가 말하는 감시자)이 유럽의 크리스트교 사회에 생물무

기 전쟁을 일으켰다면 그 목적은 무엇이고, 그 결과는 어떤 것이었을까? 그것은 크리스트교 세계를 불안하게 만들어 세상의 종말이 가까워졌다는 심리를 많은 유럽 사람에게 심는 것이었다.

⑤ 그 결과 프로테스탄트가 생기고, 유럽 크리스트교회는 가톨릭과 프로테스탄트로 분열된다. 이윽고 이 구파와 신파는 피로 피를 씻는 종교전쟁(Wars of Religion)에 돌입한다.

⑥ 스페인과 이슬람사회 속에서 신장한 유대의 카발라학파가 유럽 전역에 침투해간다. 크리스트교의 카발라화가 진행한다.

⑦ 이 카발라학파는 고대 이집트에서 유래한 연금술과 함께 전 유럽에 퍼지고, 장미십자단 같은 비밀결사로 이어진다.

⑧ 이 비밀결사의 원류가 십자군전쟁 시기에 태어난 시온수도원 및 템플기사단이라는 설도 있다.

⑨ '일루미나티'는 1776년 독일 바바리아 지방의 바이스하우프트가 처음으로 창립한 것이 아니다. 장미십자단은 일루미나티의 분파라고 알려졌지만, 실은 9세기 샤를마뉴 황제 시대에 처음 독일에 들어왔다.(브램리, 앞의 책: 197).

장미십자단도 일루미나티도 훨씬 전부터 존재하고 있었을 것이다.

7.

지금까지 논의를 한 번 정리하고 넘어가자.

미국 네오콘의 사상적 원천은 레오 스트라우스이고, 시카고대학 정치과학부는 스트라우스 학파의 아성이다. 그리고 스트라우스 학파의 바이블은 마키아벨리다.

マキアベリの 종교관은 **아베로이즘** (Averroism)의 계보를 잇는다(스트라우스·크럽시 편집,《정치철학의 역사》, 제3판: 314). 스트라우스가 쓴《니콜로 마키아벨리》에 의하면 **아베로에스**(Averoës) 일파는 "계시종교에 대하여 어떠한 승인을 주는 것도 거부했다"고 한다.

아베로이즘(Averroism) | 아베로에스의 설을 말함. 주로 아리스토텔레스의 철학에 기초해서 개인의 죽음은 부정하나 모든 인간에게 공통된 보편적 이성에 의한 인간정신의 불멸을 주장한다.

아베로에스(Averoës) | 1126~98, 스페인에서 업적을 남긴 아라비아 출신의 철학자, 의학자.

크리스트교회의 권위가 절대적이었던 중세 내지 근세에 이와 같은 위험한 이단파가 합법적으로 존재할 수 있었을까? 스트라우스에 의하면 마키아벨리는 사실상 시민적 신학 이외의 어떠한 신학도 인정하지 않았다. 즉, 마키아벨리에게 종교는 국가(군주 또는 통치자)가 이용해야 할 수단이다. 마키아벨리의 '시민적 신학'이란 결국 국가통치에 봉사해야 할 신학이고 종교다.

그렇게 보면 아베로에스, 마키아벨리, 스트라우스로 이어지는 서양 정치철학의 본질은 계시종교인 유대교, 크리스트교, 이슬람교의 권위의 절대성을 인정하지 않는다. 그러한 계시종교는 요컨대 국가통치의 수단이고 그를 위한 편법에 불과한 것이 된다. 이것은 일본인이 메이지 이후 그대로 받아들인 일반적인 정설과는 근본적으로 다르다.

'계시'는 revelation이라는 영어로 '천계(天啓)'라고 번역된다. 그러나 어떤 번역도 그 진의를 나타내지 못한다.

여기에서 天이라는 것은 천지를 창조한 조물주를 의미한다. 전지전능하고 어디에나 존재하는 유일신, 절대신이다. 그 유일한 신으로부터 계시를 받았다는 말이다.

그것이 유대교, 크리스트교의 성서이고 이슬람의 코란이다. 인류의 종교는 야만에서 문명으로, 즉 애니미즘에서 다신교로 발전하고 다시 유일신으로부터 계시를 받은 교의에 근거한 일신교로 진화했다고 본다.

메이지 이후 일본의 교수들은 서양에서 직수입한 이 '종교철학' 또는 '종교학'이라는 것을 서양문명이 도달한 궁극적인 종교관이라고 강의하고 있다. 그리고 이렇게 직수입한 종교관은 곧 서양에 심취한 매국 인텔리계급의 썩은 머리에 정착했다. 그러나 놀랍게도 수천 년을 이어온 서양 권력사상의 핵심에 놓여 있는 마키아벨리는 유대교, 크리스트교, 이슬람교를 단지 국가통치를 위한 도구로밖에 보지 않는다는 사실이다. 게다가 그러한 계시종교는 하늘에서 내려온 것이 아니라 인간이 만들어냈다고 보는 것이다.

그것들을 날조한 인간은 어떤 사람들일까?

8.

《EIR》 2003년 8월 29일자 32페이지 이하에 린든 라러슈는 〈세계 핵전쟁은 언제 일어날 것인가?〉라는 논문을 발표했다.

라러슈는 18세기 영국의 정치가 셀번 경의 역할을 주목하고 있다. 그리고 셀번 경의 많은 래키스(lackeys, 이 말은 영어에서는 흔히 쓰인다. 남자 하인, 제복을 입은 종복, 아첨하는 사람이라고 사전에는 되어 있지만 원어와는 딱 맞지 않는 것 같다) 가운데 한 사람인 《로마제국 쇠망사》를 쓴 기번(Edward Gibbon; 1735~94)을 든다. 기번의 그 책의 결론에서 이런 말을 하고 있다.

"로마제국을 내부에서 붕괴시킨 것은 크리스트교이다. 크리스트교만 배제할 수 있었다면 이 로마제국은 셀번의 영국 동인도회사(BEIC)에 의하여 브리티시 엠파이어로서 훌륭하게 부활할 수 있을 것이다"라고.(라러슈, 앞의 책).

이 '브리티시 엠파이어'를 메이지 때 일본인은 '영제국(英帝國)'이라고 표기했고 그것이 오늘날까지 이어진다. 그러나 이것은 대단히 이상하다. '영'은 잉글랜드(England), 또는 잉글리시(English)의 약자다. 브리튼은 잉글랜드, 웨일스, 스코틀랜드 왕국이 생기기 전의 옛날 이름이다.

16세기 후반 엘리자베스 1세 때 잉글랜드 왕국을 베네치아의 금융과 두권력이 장악하고, 17세기 일루미나티에 의한 세계정복의 기지로 설정했을 때 브리튼의 이름을 따서 브리티시 엠파이어라는 이름을 붙인 것이다. 그것을 '영제국'이라고 함으로써 일본인은 세계사의 가장 중요한 변화에 스스로 눈을 돌려버렸다.

앞서 말했듯 셀번 경의 뜻을 받들어 기번은 로마제국사를 썼다. 그러나 로마사 전체가 아니다. 원서의 제목을 보면 《The Decline and Fall of the Roman Empire》라고 되어 있다. 즉 로마제국의 쇠퇴와 붕괴의 역사다. 기번은 크리스트교야말로 로마 붕괴의 주된 원인이라고 단정한다. 따라서 크리스트교만 제거하면 브리티시 엠파이어는 로마제국의 후계자로서 세계사에 등장할 수 있다는 결론을 내렸다. 바로 그것이 기번의 주인님 셀번 경이 필요로 하는 것이라고 했다.

이것은 무엇을 의미하는 걸까? 단지 크리스트교만을 제거하는 것은 아닐 것이다. 유대교나 이슬람도 똑같이 제거해야 할 대상일 것이다.

안톤 체이트킨(Anton Chaitkin)은 《EIR》에 기고한 〈미국에 대적하는 시나키〉라는 제하의 글에서 기번이 "크리스트교는 강자의 권력을 붕괴시키는 약자의 종교"(《EIR》, 2003. 9. 5 : 26)라고 주장했다. 이 말은 다시 말해 로마를 계승하여 세계제국을 구축하려는 브리티시 엠파이어는 약자의 종교인 크리스트교를 廢하고 그것에 대신하는 강자, 우월자의 절대적 지배를 보장할 새로운 이데올로기를 필요로 한다는 뜻이다.

9.

이하에 앞에 나온 안톤 체이트킨의 논문을 요약해둔다.

① 시나키즘 → 현대 네오콘파의 사상적·정치적·경제적 원류는 베네치아의 금융과두권력이다.

② 베네치아의 과두권력(올리가키)의 종교적 이데올로기는 크리스트교가 아니라 악마주의(사탄이즘)다.

③ 그들의 사회정치적 이데올로기 및 인간관은 첫째, 이상적 정치체제는 궁극적으로 절대적 전체주의이다. 둘째, 그 체제에는 정점에 초인이 있고 나머지는 인간가축(휴먼캐틀)이다.

④ 15세기 후반에 일어난 유럽의 르네상스 운동은 베네치아의 과두권력 체제와 정면으로 대립한다. 그리고 그 때문에 역사상 처음으로 프랑스에 국민국가가 탄생했다.

⑤ 이후 500년 동안 서양은 새롭게 태어난 국민국가들과 베네치아의 금융과두권력과의 이중권력 상태가 계속되고 있다.

⑥ 18세기 후반, 북미의 영국식민지 내에 베네치아 금융과두권력의 앞잡이 영국에서 독립하려는 움직임이 생기고, 드디어 1776년에 13개 주는 독립전쟁을 개시한다.

⑦ 미국 독립군측은 프랑스, 러시아와 동맹한다.

⑧ 그래서 영국(베네치아의 금융과두권력)은 프랑스 교란공작에 나선다. 그것이 소위 프랑스혁명이다. 또 애덤 스미스를 내세워 자유무역론을 선전한다.

⑨ 영국의 프랑스 공작은 큰 성공을 거둔다.

⑩ 나아가 영국(베네치아)은 러시아 공작에도 착수한다. 이것도 약 100년에 걸쳐 꾸준히 진행시킨 결과 1917년 10월의 볼셰비키혁명으로 나타났다.

⑪ 시나키스트(시나키즘)는 19세기 영국(베네치아)의 세계전략을 수행하기 위해 조직된 국제적 비밀결사다.

⑫ 미국 네오콘도 이러한 역할이 맡겨진 시나키스트 분교다.

(《週刊日本新聞》, 220호, 2003. 9. 29：3에서 재수록).

《EIR》지는 베네치아 금융과두권력의 이데올로기를 악마주의라고 주장한다. 이 '악마주의'를 일본인은 이해하지 못한다. 실로 절망스러운 일이다. 일본인은 서양에 대해 이렇게 이해하고 있다.

일본인들은 서양문명에는 2개의 원류가 있다고 배워왔다. 하나는 헤브라이즘, 즉 구약성서에 의거한 유대인의 일신교이고, 또 하나는 고대 그리스와 로마제국에서 파생된 헬레니즘이라는 식으로 무조건 받아들였다. 그러나 이것은 어딘가 이상할 뿐만 아니라, 옳지도 않다.

구약성서는 창세기에서부터 시작한다.

창세기는 19세기 후반부터 발굴된 초고대 수메르 왕국의 점토판 문서를 압축하여 완성한 것이다. 따라서 서양문명의 원천은 수메르로 거슬러 올라가야 한다. 또 플라톤이 분명히 기록한 것처럼 고대 그리스문명은 초고대 이집트문명에 기원한다. 즉, 2000년의 서양문명은 거기서 더 수천 년을 거슬러 올라간 초고대 수메르와 이집트문명의 분파라고 해야 할 것이다. 물론 초고대 수메르 및 이집트에서 시작한 문명을 서양문명이라고 불러야 되는지 여부는 많은 면에서 논쟁거리가 될 수 있을 것이다. 하지만 통상적으로 우리가 동아시아의 문명을 동양문명이라고 부르듯, 그것을 넓은 의미에서 서양문명이라고 불러도 되지 않을까 싶다.

10.

이렇게 정의한 넓은 의미의 서양문명의 본체가 실은 악마주의 이데올로기 진영인 것이다. 악마주의를 받드는 문명이라는 것은 존립할 수 없다. 그것은 **고란세이**(胡蘭成, 이하 胡蘭成으로 표기 – 옮긴이)의 표현을 빌리면 무명(無明)이다.

胡蘭成에 의하면 수메르와 이집트문명은 노예제도를 채용함으로써 더럽혀지고 부패하게 되었고, 더 나아가 그 문명(文明)은 멸망하고 무명(無明)으로 되었다고 한다. 이 설을 참고하여 악마주의를 정의해보자.

① 악마주의의 본질은 약육강식(弱肉强食)주의, 우승열패(優勝劣敗)주의다.

② 결국 승자가 모든 것을 갖는다.

③ 힘이 정의다.

④ 승자는 주인이고 패자는 노예다.

⑤ 이 논리의 최초의 표현형태는 야생동물의 가축화이고, 그것이 항구화하면 가축제도(家畜制度)가 된다.

⑥ 가축은 더 이상 야생동물이 아니다. 그것은 동물의 본성, 동물의 자연성을 주인인 인간에 의하여 약탈당한 존재다. 한마디로 동물이 아닌 것이다. 동물이 아니라면 무엇일까? 그것은 혼을 빼앗긴, 혼이 없는 존재다.

고란세이(胡蘭成) | 이 책의 저자 오타 류는 이 胡蘭成의 주장을 대부분 수용하고 있다. 우리에겐 낯선 인물이라 간단히 소개한다. 그는 원래 중국인으로 일본제국주의가 중국을 침공한 중일전쟁 때 汪兆銘 괴뢰정부 하에서 中華日報 편집장으로 근무해 중국 사람들한테는 간신으로 낙인찍힌 인물이다. 일본이 패전한 후 몰래 도망쳐 1950년 일본에 망명했다. 그럼에도 그의 사상은 30년 가까이 타이완 식자층에게 어느 정도 영향을 끼쳤던 것 같다. 그의 저술은 일본 외에도 타이완에서 1970년대에 출간되기 시작하여 90년대에 이르러 전9권의 전집이 발간되었다. 최근 들어 중국대륙에서도 그의 복권문제가 거론되고 있다고 한다. 그에 관한 일화로 유명한 것은 중일전쟁 말기에 상하이에서 당시 천재 소녀 작가로 명성이 자자했던 張愛玲과의 연애 및 결혼에 관한 것이다. 그 내용이 타이완에서 소설 및 영화 되어 많은 사람들의 관심을 끌었다. 그러나 정작 둘의 관계는 더 이상 지속되지 못하고 胡蘭成은 일본에서, 張愛玲은 미국에서 생활하게 된다. 현재 일본에서 그에 대한 평가는 시샘과 존경이 교차하는 듯 보인다. 타이완에서의 부활과는 대조적으로 일본에서는 그가 죽고 난 후 거의 잊혀졌다는 것이다. 그럼에도 일부에서는 그의 사상을 계승·발전시켜 일본, 타이완, 중국대륙, 인도를 포함한 아시아는 물론이고 전 세계에 영향을 넓혀야 한다고 주장한다.

⑦ 이리하여 가축의 주인인 인간은 자연과 분열하여 자연의 일부를 정복하는 데 성공했다. 이어서 자연의 모든 것을 정복하겠다는 야망을 품기에 이른다.

⑧ 그리고 이 가축제도의 논리는 인간사회 속에 받아들여진다. 즉 인간집단 사이의 투쟁 결과 승자는 주인, 패자는 노예로 전락한다.

⑨ 넓은 의미에서 서양 수천 년의 역사는 노예가 더 비인간화하여 가축인간화에 이르는 과정이다.

⑩ 가축인간이란 노예가 인간에서 사라지는 것, 동물화 하는 것을 의미한다.

⑪ 이리하여 서양의 역사는 인류가 초인과 가축인간으로 분열해가는 과정이다.

⑫ 서양의 '악마주의'란 이상과 같은 역사과정을 관철해나가는 이데올로기다.

이렇게 정리할 수 있을 것이다.

⑬ 하나 더 추가하면, 노예와 가축인간은 어떻게 다를까? 이것은 아주 중요한 문제다. 아래처럼 정의할 수 있을 것이다.

	노예	가축인간
1	아직 인류의 멤버다	이제 인류의 멤버가 아니다
2	인간의 혼을 가지고 있다	인간의 혼을 빼앗겼다
3	주인을 적으로 보는 마음을 갖고 있다	주인은 적이 아닌 신이다
4	주인에 대해 상황이 허락하면 반역, 반란을 할 수 있다	주인에 대해 오로지 절대복종과 숭배만 있을 뿐이다
5	상황에 따라서는 반란으로 주인을 타도할 수 있다	주인에게 반란하여 주인을 이기는 일은 절대로 있을 수 없다. 영원히 가축인간일 뿐이다

6

포스트모던이란 무엇인가

1.

미국 네오콘파 핵심인물 중의 한 사람인 레딘이,

   ① 미국혁명은 실패했다.
   ② 우리들(네오콘)은 예전에 실패한 미국혁명을 계승하여 완성시킨다.

라고 한 것에 대해서는 이미 설명했다. 그 다음에,

   ③ 미국혁명은 좌절했지만 프랑스혁명은 성공했다.

라고 말한 것에 대한 보충이 필요하다.

   네오콘파에게는 레딘의 설이 너무나도 자명한 것이리라. 그러나 메이지 이후 프리메이슨 일루미나티적 서양사관에 중독된 일본인은 이것을 전혀 알지 못한다. 린든 라러슈의 말을 들어보자.
   "1789년 7월 14일 프랑스혁명(의 대본)의 주요 저자는 영국의 셸번 경(Lord Shelburne)이었다. 그는 베어링은행과 영국 동인도회사라는 두개의 기관 위에 선 지도적 정치가였다."(린든 라러슈, 〈미국의 주권국가 – 먼로주의의 현재〉, 《EIR》, 2003. 9. 19 : 33).
   이 설명을 이해할 수 있는 일본인은 얼마나 될까?
   이 셸번 경이라는 사람을 살펴보자. 그는 과연 어떤 인물인가?
   우리는 이 사람이 프랑스혁명의 시나리오를 짰다는 이야기를 누구한테도 들어본 적이 없다. 그러나 이 서술을 이해하기 위해서는 최소한 다음의 역사적 사항을 알아둘 필요가 있다.

① 중세 유럽의 권력은 봉건귀족 및 로마가톨릭교회를 한편으로, 베네치아의 국제금융 과두권력를 다른 한편으로 이 두 기둥에 의하여 구축되어 있었다. 그러나 그 중에서도 후자인 베네치아의 검은귀족이 점차 강력해진다.

② 그런데 14세기 중반의 흑사병으로 인해 이 두 기둥으로 이루어진 중세 유럽체제가 와해되었다.

③ 15세기 초, 황폐한 유럽에 아래로부터의 부흥과 재건의 움직임이 일어났다. 그리고 그것은 15세기 후반 이후 니콜라스 크사누스 추기경, 프랑스 국왕 샤를 11세에 의하여 추진된 초기 르네상스 운동과 국민국가 창립 운동으로 결실을 맺었다.

④ 그리고 그 후 500년 동안 서양사는 새롭게 태어난 국민국가와 중세 이후의 베네치아 국제금융 과두권력이라는 이중권력 상태가 계속되었다.

⑤ 16, 17세기 베네치아의 검은귀족은 암스테르담에서 런던으로 기지를 옮겼다. 이 과정은 1694년 잉글랜드은행이 설립됨으로써 완료된다.

⑥ 프랜시스 베이컨(Francis Bacon; 1562~1626)이 《뉴 아틀란티스》(The New Atlantis)에서 전개하고 있는 것처럼 '그들'(런던을 수도로 하는 일루미나티 세계제국)은 북아메리카를 장래 세계제국의 본거지로 만들 계획을 세우고, 그 연장선에서 이미 17세기에 일루미나티의 선발대를 그곳에 보냈다.

⑦ 유럽에서는 샤를 11세 이후 국민국가로 성장해온 프랑스와, 베네치아의 검은귀족 금융과두권력이 장악한 영국(브리튼)과의 사이에 격렬한 투쟁이 전개되었다. 17, 18세기의 일이다.

⑧ 영국 식민지이던 북아메리카 13개 주는 영국으로부터 독립하려는 혁명운동이 발생하고 1776년 대영 독립투쟁이 발발했다. 독립파는 프랑스, 러시아와 동맹하여 영국과의 10여 년의 전투 끝에 승리하여 정식으로 세

계정치의 무대에 등장한다.

⑨ 이리하여 영국은 미국을 다시 되찾기 위한 장기적인 전략목표를 세움과 동시에, 영국의 패권을 위협하기 시작한 프랑스와 러시아의 국가체제 전복을 위한 공작에 들어간다.

2.

'프랑스혁명'의 진짜 정체가 백일하에 드러나는 순간이다.

그런데도 일본은 도쿠가와 시대부터 현재까지 서양사를 이해하는 수준이 치매 수준이다. 이 문제에 관해서는 긴급하게 새로운 한 권의 저작이 필요할 터이지만, 여기에서는 당시 셀번 경이 설정한 '프랑스혁명'을 위한 4개의 공작체계를 지적해두는 정도에 그친다.

① 먼저, 영국 동인도회사의 공작원 애덤 스미스에게 《국부론》(The Wealth of Nations)을 쓰게 했다. 라러슈는 이 책을 "Stealing The Wealth of Nations"(國富를 어떻게 찬탈할까?)라고 해야 한다며 비꼰다.(《EIR》, 2003. 9. 19: 33). 스미스의 이 저서는 자유무역으로 모든 국민국가를 파괴하고 베네치아 유형의 금융과두권력 세계제국 건설을 위한 교과서와 같은 것이다.

② 기번에게는 《로마제국 쇠망사》를 쓰게 했다. 이 저서의 목적은 크리스트교 때문에 로마제국이 멸망했고 따라서 크리스트교는 위험한 사교다, 이것을 없애야 한다는 식으로 방향을 제시한 것이다.

③ 프랑스에서 마라, 당통을 런던으로 불러들여 그들을 금융과두권력의 공작원으로 훈련시킨 후 프랑스로 되돌려보내 프랑스혁명을 선동하게 했다. 셀번 경의 명을 받아 당통과 마라에게 혁명적 테러방법을 전수한 인물

이 셸번 비밀위원회의 우두머리 제레미 벤담(Jeremy Bentham ; 1748∼
1832)이다.

④ 마지막으로 프랑스의 국가기관에 심어놓은 셸번 경의 앞잡이 평등공
필립과 스위스의 은행가 네케르(Jacques Necker ; 1732∼1804)가 프랑스
혁명의 도화선에 불을 붙였다. 1789년 7월14일 파리 폭동과 바스티유 감
옥을 습격하도록 조직했다.

평등공 필립은 부르봉 왕조의 귀족으로 사치스러운 생활에 빠져서
산처럼 많은 부채를 지고 있었는데, 유대 일루미나티 국제금융 과두권
력이 약점을 잡아 매수한다. 그러나 한 사람의 고급 귀족을 매수한 것만
으로는 국가를 전복할 수 없다. 또 당통, 마라와 같은 혁명간부 공작원
을 교육하는 것만으로도 부족하다.

《명분 없는 전쟁》(Nameless War, 데이브 램지[Dave Ramsey] 지음)
에 씌어 있는 것처럼, 또 《게임 인질》(Pawns in the Game, 윌리엄 카
[William G. Carr] 지음) 속에 보다 상세하게 전개되어 있는 것처럼, 17
세기 영국의 크롬웰혁명과 18세기 프랑스혁명은 인류사상 미증유의 대
사건이다. 그것은 국제금융 과두권력이 대량의 자산을 활용하여 오늘날
의 매스컴전처럼 정보전쟁에 의해 직접 하층 노동민중을 동원한 것이
다. '그들'(일루미나티 세계권력)은 그것을 나중에 근대 세계를 개척한
부르주아 민주주의혁명이라고 부른다.

여기에서 '혁명'이란 레볼루션이라는 영어를 번역한 것인데, 중국문
명에 고유한 '역성(易姓)'혁명이라는 '혁명'과 근대 서양사에 등장한
'레볼루션(Revolution)'과는 조금도 닮지 않은 별개의 것이다.

3.

'레볼루션'은 원래는 천문학 용어로 천체의 공전, 주전, 회귀적 현상이라는 의미다. 17세기 이후 이 말에 '그들'(일루미나티)은 전혀 새로운 의미를 부여했다. 그 의미는 훨씬 뒤에 출현한 사회공학(소셜 엔지니어링)이나 인간공학(휴먼 엔지니어링)과 그 의미가 흡사할 것이다.

이러한 '레볼루션'은 무엇보다도 우선 인간사회의 전통파괴를 지향한다. 즉 근대 서양에 출현한 레볼루션은 전통파괴 운동이라고 정의해도 될 것이다.

그러면 전통을 파괴해서 어떻게 하자는 것일까? 이런 관점은 실은 동양에는 존재하지 않는, 동양인은 상상도 할 수 없는 서양인 특유의 문제의식이다. 그것은 전통을 파괴하고 나아가서 인간을 동물적인 것으로 퇴화시킬 것인가, 말 것인가의 문제다.

문제는 여기에 머무르지 않는다. 그나마 동물성도 부정하고 인간을 생명이 없는 기계로 만들어버린다. 즉 서양 근대의 레볼루션은 생명 그 자체의 파괴에까지 이른다. 이것은 창조의 반대다. 곧 파괴의 신에게 장악된 사람들의 무리이기도 하다.

파괴 에너지에 대한 집착! 그것을 서양에서는 악마주의라고 부른다.

전통의 근원을 찾아 거슬러 올라가면 창조주에 의한 천지창조에 이르게 될 것이다. 따라서 전통의 파괴는 GOD에 의한 천지창조의 파괴로 연결된다. 그러나 천지창조는 GOD의 조화이므로, 창조의 부정(파괴)은 GOD의 부정(악마)과 같다. 즉 파괴의 신인 악마가 GOD에게 승리하는 것이다. 이리하여 서양 근대의 레볼루션은 필연적으로 GOD를 살해하게 된다.

이렇게 재정의된 레볼루션은 중국에서의 '**혁명**'과는 전혀 다른 것이다.

중국문명의 흐름에는 진명천자(眞命天子)라는 말이 있다.

혁명(革命) | 命을 革한다; 살아있는 것을 새롭게 한다.

역대 왕조의 황제는 하늘의 명을 받은 천자, 즉 진명천자이어야 한다. 하늘의 명이 하나의 왕조에서 떠나갈 때 그 왕조는 멸망하고 새롭게 천명을 받은 천자가 등극하여 역성혁명이 이루어진다. 즉 하늘의 명이 바뀌는 것이다. 그러나 서양 근대의 레볼루션의 정체는 전혀 그런 것이 아니다. 그것은 오히려 하늘에 반역하고, 하늘의 명을 부정하며, 하늘 그 자체를 파괴하는 것이다.

동양인(인도를 포함해서)으로서는 상상을 할 수 없는 이야기다. 게다가 그 '레볼루션'을 '혁명'이라고 번역하다니, 정말로 어처구니가 없다.

중국문명의 본질은 '상고(尚古)', 다시 말해 옛것을 숭상하는 것이다. 반면에 서양 근대의 본질은 옛것을 철저하게 파괴하는 것이다. 그래서 '新'이 숭상된다.

중국문명에서 '혁명'은 옛것을 되살리고 부흥하는 것이라면 서양 근대의 레볼루션은 옛것, 즉 새롭지 않은 것을 파괴하는 것이다. 그런 점에서 보자면 '영구혁명'이란 옛 전통을 영구히 파괴하는 과정이다.

4.

'포스트모던'이라는 말이 있다.

이 '포스트모던(근대의 이후 또는 탈근대)'란 무슨 뜻일까? 드러리 여사는 그녀의 저서 《알렉상드르 코제프》(1994)에 〈포스트모던 정치의 원류〉(The Roots Postmodern Politics)라는 부제를 달았다.

"포스트모더니즘은 근대적인 마법의 주술로부터 근원적으로 해방된 새로운 시대의 시작을 뜻한다. 코제프는 이 마법으로부터 해방으로 가는 중심인물이다. 그가 그것을 역사화하고 그것을 극화하고 거기에 우주적 의미를 부여했기 때문이다. 코제프는 역사란 하나의 비극이라고 생각했다. 인간은 그 비극 중에서 자기가 가장 바라는 꿈을 실현하기 위하여 투쟁한다. 그리고 그것을 이루게 되면 자신도 수동적인 가축화된 동물로 평가되는 그런 세계를 만들어버렸다는 것을 깨닫게 되는 것이다. 그래서 코제프는 역사의 종말과 인류의 죽음을 선고하는 것이다."
(드러리, 위의 책: 201).

'포스트모던'을 일본에서는 아주 기묘하게 해석하고 있다.

사전을 보면 탈(脫)근대주의, 20세기의 기능주의적 모더니즘에서 탈피하여 인간적인 감각에 호소하는 방법을 받아들이려고 하는 경향이나 사상이라고 씌어 있다.

왜 그런 정의가 나왔을까? 전혀 이해할 수 없다. 포스트모던파란 코제프의 영향을 받고 제2차 세계대전 이후에 일제히 발언하기 시작한 사르트르, 메를로 퐁티, 푸코, 바타유, 데리다, 라캉 등 일련의 프랑스의 사상가들을 말한다. 일본에도 이들 사상가의 저서가 상당수 번역되었지만 그 독자층은 아주 한정되어 있다.

대부분의 일본인들은 제2차 대전 후 오늘에 이르기까지 서양의 근대에 대해 전면적으로 수긍하는 사람들이라 근대에 대한 비판은 소극적이 되어 조그마한 의문조차 갖지 못하고 있다. 오히려 1945년 8월의 패전 후 본격적으로 서양 근대주의가 일본에서 전면적인 개화를 맞이한 것이다. 따라서 현재 일본인에게는 탈근대라는 말이 귀에 들어올리가 없다. 모두가 공허한 소리이다.

드러리 여사의 말을 빌리면, 현대의 일본은 서양 근대라는 마법의 주술에 점점 깊이 흡수되어 무아지경의 황홀경에 빠져버린 치매환자다.

마치 아편중독의 최종 단계처럼…. 게다가 인류의 역사는 끝이다, 인류는 죽을 것이라고 아무리 코제프가 떠들어대도 도무지 귀에 들리지 않는다. 본질적으로 일본인들은 제2차 대전 후 프랑스에서 시작한 포스트모더니즘의 뿌리에 관해서 아무런 관심을 기울이지 않기 때문이다.

따라서 그 말을 사전에 넣게 되는 순간, 실제의 뜻과 전혀 닮지 않은 이상한 구절이 들어가게 되는 것이다.

포스트모던이란 서양 근대에서 비롯된 필연적 귀결이다. 서양 근대는 이제까지의 서양사의 필연적 결론이다. 그리고 그 포스트모던의 정체는 '인류의 죽음'이다.

그렇다면 서양문명의 정체가 전 인류를 자살로 이끄는 문명은 아닐까?

현대 일본인은 누가 뭐래도 서양과 함께 가자, 지옥 끝이라도 서양과 함께 가자, 라고 결의를 굳혀버렸다.

5.

우연히 폴 비릴리오(Paul Virilio; 1932~)가 쓴 《자살로 가는 세계》라는 책을 읽었다. 원저는 프랑스어로 《Ce qui arrive》이므로 어디에 도착하는가, 도착점은 어디인가라는 의미일 것이다. 도착점은 인류의 자살이라고 한다.

비릴리오는 이 책에서 과거 600년 서양문명에서 '진보의 핵심은 소멸의 개념'이라고 말한다. 이것은 곧 '세상'에서 생명세계의 본질을 용서없이 제거해버리는 개념이라고 한다. 이것은 무슨 말일까? 물론 서양 근대에 심취하여 완전히 머리가 돌아버린 현대 일본인에게 비릴리오의 이 말은 망상으로밖에 들리지 않을 것이다.

이 책 속에는 **시오랑**이라는 루마니아계 프랑스인이 불가리아 지역의 보고밀파 신앙에 깊은 관심을 갖게 된 것을 논평하고 있다. **보고밀파** 또는 도나우강 유역의 여러 민족의 크리스트교 교의는 이렇다.

"(이미) 악마의 소유가 된 '이승'이라는 '지옥'에서 태어나 살아간다는 것은 커다란 참화이다. 완벽한 생은 오로지 한 가지뿐, 처음부터 태어나지 않는 생밖에 없다. 그것은 생을 누리기 이전의 생으로 전생(前生)이라고 불러왔던 것이다."(비릴리오, 앞의 책: 33).

시오랑 | 1911~ . 절망의 심미가(審美家)라 불리는 작가. 대표작으로 《절망의 정점에 대하여》가 있다.

보고밀파(Bogomil) | 중세 불가리아에서 번성한 이원론적 크리스트교의 한 분파. 금욕적인 수행을 함으로써 그리스도의 완전성에 도달한다고 주장한다. 그러나 구약의 내용을 모조리 부정하고 교회의 조직에도 반대해 이단취급 당한다.

주류 크리스트교는 이 보고밀파를 악마주의 이단이라고 규정하고 철저하게 탄압한다. 그러나 앞의 설명대로라면 보고밀파는 악마주의라고 말할 수 없다. 악마가 이 지상을 지배해버렸기 때문에 이승에서 저 세상으로 도망칠 수밖에 없다고 하는 이 사람들은, 악마와 싸울 용기가 없는 겁쟁이나 비겁자라고 비난할 수 있을지는 몰라도, 악마에 속한 사람들도 아니고 악마의 앞잡이도 아니다. 다만 주류적 크리스트교 입장에서 보면 이 보고밀파의 교의—이미 이승은 악마의 손에 들어가버렸고 크리스트교회를 포함한 이승의 모든 권력조직은 필연적으로 악마 진영에 속해 있다—를 받아들일 수 없을 것이다. 보고밀파의 주장대로라면 당연히 로마교황은 악마의 주된 공작원으로 간주되기 때문이다.

이러한 교의를 믿는 자는 살려둘 수 없다!
전원 화형에 처해야 한다!

6.

"우리들은 지금 세계 전체가 자살로 가고 있는 전대미문의 상황에 직면해 있다."(비릴리오, 앞의 책: 76).

'세계 전체가'라고 하는데 그런 용어는 맞지 않다. 서양인은 무신경하게 서양을 '세계'와 같은 뜻으로 쓰고 있다. 세계 전체가 자살로 가는 것이 아니라, 서양이 전 세계를 자살로 끌어들이는 것이다.

원래 서양문명에는 이 세계를 멸망으로 몰아넣으려는 의지 같은 것이 내재해 있다. 이 지구상에서 서양 이외에는 그런 위험한 것은 아무 데에도 없다. 서양문명은 그 벡터, 다시 말해 그 방향성이 죽음과 파괴로 향해 있는 것이다. 그 지향점은 일체의 질서해체와 붕괴다. 따라서 그들의 문명이 발달하고 진보하고 향상하면 할수록 그만큼 파괴력이 커지게 된다.

그들 문명이 전 지구를 제압하여 번영의 정점에 이른 20세기, 두 번의 세계대전을 이미 일으켰고, 그리고 세 번째는 미소의 핵 대결에 의해 전 인류를 수백 번도 더 전멸시킬 수 있을 만한 능력을 완성하게 되었다. 그렇다면 태어나지 않는 편이 좋았다는 보고밀파 신자들을 비웃을 수만은 없는 일이다.

칼 크라우스(Karl Kraus) | 1874~1936, 보헤미아 출생의 유대인. 《인류 최후의 나날》《선언과 반론》 등의 작품이 있다.

"세계는 파멸을 향하여 달려가고 있다. 인간들은 현재 살아있는 인간만이 볼 수 있는 구경거리를 이제나 저제나 애타게 기다리고 있다(칼 크라우스)."(비릴리오, 앞의 책: 90).

이 결말은 서양문명의 본질에서 초래된 것이므로 아무리 수선하고 개량하고 개선하는 미봉책을 편다고 하더라도 모두 헛수고다. 서양문명의 입장에서 보는 세계관 그 자체를 여기에서는 정면으로 비판하고 검

토해야 할 것이다.

그러면 오늘날 세계를 완전히 지배하고 있는 서양문명을 극복할 만한 능력을 가진 민족 내지 문명은 과연 존재하는 것일까? 만약 그러한 문명이 존재한다면 그것은 동양, 즉 인도·중국·일본 등 아시아문명이어야 한다. 더구나 단순히 인도·중국·일본의 지금까지의 전통을 보호·계승하는 것뿐만 아니라, 동양의 정수를 논리화하고 체계화함과 동시에 그 지점에서 서양을 비평하고 서양을 뛰어넘는 정통 인류문명의 부활을 가능하게 하는 방도를 명시해야 한다.

전후, 일본에 망명한 중국의 대사상가 胡蘭成(1906~81)을 소개한다.

7.

胡蘭成이 쓴 《自然學》(1973)에서 인용한다.

세계의 현상은 전멸의 위험에 노출되어 있다.

한탄해야 할 것은 현대인의 어리석음이다.

근본 원인은 현대의 산업국가주의에 있다.

세계사상은 고대 메소포타미아와 이집트, 그리스문명 이후 노예사회의 발전으로 심하게 파손되어 물질의 욕심에 빠졌다. 고대 그리스인에서 아인슈타인에 이르기까지 서양인의 우주관에는 생명이 없다.

서양인은 역사상의 파멸에 이르러서도 깨닫는 것이 없다. 전혀 감정이 없는 파멸이다.

서양은 노예제도 때문에 물질적으로 타락하게 되었다. 그 결과가 지금의 산업국가주의다.

이 노예사회의 의미를 간과하고서는 고대 메소포타미아문명의 변질과 붕괴사실을 설명할 수 없다. 또 로마제국의 정복, 스페인제국과 영제국의 해적 모험과 세계 식민지 약탈, 제1차 세계대전 등 서양역사상 물질주의의 수많은 번영과 쇠망의 이유도 설명할 수 없다.

그러나 노예사회와 그 여파만으로는 아직 물질주의에 철저하게 도달하지 않았다. 문명이라는 생명의 나무는 노예사회의 발전으로 뿌리가 완전히 잘렸지만, 다음 해에도 또 그 다음 해에도 봄이 오면 그 줄기에서 싹이 튼다. 가지와 잎이 되고 꽃도 피운다.

그러나 노예사회의 결과인 현대 산업국가에 이르러서는 그야말로 물질주의에 철저하게 물들어서, 문명이라는 생명의 나무는 완전히 말라버렸다. 그 가지에서 아무런 싹도 트지 않는다. 이제 문명의 이름조차 흔적 없이 사라져가고 있다.(《자연학》: 28~33).

胡蘭成은 또 말한다.

"중국에도 노예는 존재했다. 그러나 노예제도는 생기지 않았다. 서양에서는 노예는 하나의 사회제도가 되었다. 그것이 중국과 서양의 차이점이다."(앞의 책).

일본인은, 아마 중국인도 그렇겠지만, 1백 년 내지 2백 년 동안 서양의 침략에 노출되어 있으면서도 서양사의 근본, 그리고 서양인이라는 이 흉흉한 위험물의 정체를 충분히 실감하지도 못하고 깨닫지도 못한다. 더구나 胡蘭成이 말하는 "산업국가주의에 의하여 문명이라는 생명의 나무는 완전히 말라버렸다"라는 논술에 대해서 전혀 이해하지 못하고 있다.

산업국가주의란 무엇을 말하는 것일까? 그것을 해석하고 추적하다 보면 그 원점은 소위 '산업혁명'에 다다른다. '산업혁명'에 관해서 우리는 귀에 못이 박히도록 들어왔다.

일본 근대 국가사회에 대한 공식견해에 의하면, 서구에서 시작된 산업혁명이야말로 인류를 미증유의 진보로 이끈 문명의 정화라고 한다.

일본은 전심전력을 다하여 서양 산업혁명의 업적을 최단기간에 흡수하여 자기 것으로 해야 한다. 그렇지 않으면 문명의 낙오자가 되어 인도와 중국, 그 밖의 나라처럼 서양에게 패할 수밖에 없고, 식민지 노예신분으로 전락해버릴 것이다. 따라서 서양 산업혁명을 도입하는 길 외에 다른 선택의 여지가 없다. 그러므로 **탈아입구** 해야 문명이 개화한다. 즉 서양문명을 배워야 한다는 것이다.

> **탈아입구(脫亞入歐)** | 아시아를 벗어나 구미와 어깨를 나란히 해야 한다는 입장.

이 모든 내용은 한마디로 요약하면 서양 산업혁명의 뒤를 따라야 한다는 것이다. 이런 이유로 메이지 이후 일본에서는 산업혁명의 시비를 논하는 것을 허락하지 않았다. 그 결과 오늘날의 일본은 산업국가주의의 화신 같은 존재가 되고 말았다.

그렇다면 어떻게 해야 일본인이 胡蘭成 설을 똑바로 상대할 수 있을까?

8.

메이지 이후 일본에서 19세기 서양 산업혁명은 무조건 전제가 된다. 그야말로 선악의 피안에 존재하고 있는 것이다. 산업혁명의 전제는 근대의 자연과학이다. 서양의 자연과학은 현대 일본인에게 비판이나 비평을 초월한 숭배대상이다. 시비를 논하는 것은 무서운 신성모독이다.

근대 서양 자연과학의 토대는 뉴턴의 역학이다. 그러나 과연 뉴턴은 잘못이 없는 것일까?

린든 라러슈는 네오콘을 비판하는 문맥 중에서 뉴턴을 악마주의 진영에 포함시키고 있다. 뉴턴은 우주는 죽어 있다고 했다며 그를 비판한다.(안톤 체이트킨, '죽은 우주' 설을 제창한 뉴턴, 존 로크 무리의 영국 경험주의자, 〈미국에 대적 하는 시나키〉 중에서. 《EIR》, 2003. 9. 5 : 25).

경험주의자(empiricist)란 무엇인가?

경험주의란 경험적 사실만이 진리라고 믿는 그룹이다. 여기에서 말하는 경험은 오감(五感)에 의한 경험이다. 오감에 의해 확인된 사실만이 진리다. 따라서 근대 서양문명은 다섯 가지의 감각기관에 의하여 경험한, 또는 실험에서 얻은 사실을 유일한 진리라고 하는 토대 위에 구축되어 있다.

인간의 이 다섯 가지 감각은 죽은 물질에 대해서는 경험할 수 있다. 그러나 생명이나 혼, 마음 등은 경험적으로 존재하지 않는다. 신도 마찬가지다. 따라서 신의 존재도 당연히 부정된다. 결국 그들의 논리대로라면 모든 신학은 황당무계한 잠꼬대에 지나지 않는 것이다. 당연히 전지전능한 조물주가 천지를 창조했다고 하는 구약성서 창세기는 하찮은 사기로 배척된다.

그렇다면 물질이란 무엇일까? 그리고 물질은 어디에서 어떻게 생긴 것일까?

胡蘭成은 그의 저서 《자연학》에서 자연의 다섯 가지 기본법칙을 열거하고 있다.

1. 자연에 의지가 있다는 법칙 – 자연에는 의지가 있다. 의지와 호흡(息)은 한 가지이다.
2. 음양법칙 – 자연의 호흡(息)에 의해 양과 음이 된다. (+)와 (−)로 어

긋나지 않는다.

3. 상대시공과 절대시공의 통일법칙

4. 확률과 불확률의 통일법칙

5. 호환(好環)법칙 – 만물은 궁극적으로 자연의 호흡에 따라서 생기기
   도 하고 사라지기도 한다.(《자연학》: 38~44).

《일본 및 일본인에게 보낸다》에서는 자연의 다섯 가지 기본법칙을
더 보충하여 보다 상세하게 설명한다.

1. 의지와 호흡(息)의 법칙

2. 음양변화의 법칙

3. 무한시공과 유한시공의 통일법칙

4. 연속성과 불연속성의 통일법칙

5. 순환법칙

"서양인은 無라는 개념을 이해하지 못한다"(《일본 및 일본인에게 보낸
다》: 104)라고 胡蘭成은 말한다. 물론 영어에도 Nothing과 Nothingness
라는 단어는 있다. 그리고 바로 이 Nothingness를 서양 포스트모던의
사상, 특히 그 한 갈래인 실존철학에서 문제로 삼는 부분이다.

9.

그리스 로마에서 유래한 서양의 수학에는 제로라는 숫자가 없었다. 서
양은 제로라는 관념을 아라비아를 경유하여 인도에서 배웠다고 말하지
만, 胡蘭成에 의하면 인도는 그것을 중국에서 배웠다고 한다. 결국 영

(霙)이라는 관념의 기원은 고대 중국에서 기원한다고 보는 것이다. 중국문명 최초로 학문화·이론화·체계화된 역경(易經), 그리고 후대의 노장학(老莊學)에서 영이라는 관념이 유래한다.

　중국문명에서 無란 아무것도 없는 것이 아니다. 無에는 뭔가가 있는데, 그것은 무의 호흡(息)이다.(莊子).
　그 호흡(息)은 어떻게 생기는가? 그것은 자연에 의지(意志)가 있기 때문이다.
　자연, 또는 대자연의 시원(始原)은 무(無)이고 공(空)이다. 이 중국의 '空'이라는 개념이 서양에는 전혀 존재하지 않는다.

　고대 그리스 물리학의 할아버지, 따라서 서양 물리학의 할아버지이기도 한 데모크리토스는 無를 직감했다. 원자 주변에 아무것도 없는 빈 공간이 있다고 설명한 것이다. 그러나 데모크리토스 이후의 서양 물리학자들은 데모크리토스가 인식한 無의 공간을 부정하고 오늘에 이르렀다.(胡蘭成,《자연학》: 144~5).
　"대자연은 무(無)의 의지와 호흡으로 유(有)의 물질이 생긴다. 그렇기 때문에 자연계의 모든 물질에는 생명이 있는 것이다.… 그러나 서양인은 無를 이해하지 못한다. 돌에도 호흡이 있고 생명이 있다고 전혀 생각조차 못한다."(胡蘭成,《일본 및 일본인에게 보낸다》: 106~7).

　無에서 有인 物質이 생긴다는 사상은 서양에도 있다. 그러나 그것은,

　① 구약성서 창세기 앞부분에 서술되어 있는 것처럼 조물주, 즉 전지전능하고 유일하며 절대적인 GOD에 의한 천지창조의 이야기거나,

②그렇지 않으면 있을 수 없는 일을 연출하는 마술사의 속임이거나,

그 두 가지 경우에 한한다.

②의 경우 無에서 有가 생길 수는 없다. 그럴듯하게 거짓을 만드는 것뿐이다. ①의 경우 유대교 계열의 소위 일신교에서는 조물주는 인격신(人格神)으로 천지창조 이전에 존재했다고 전제한다. 따라서 여기에서도 無에서 有가 만들어지는 것은 아니다.

이렇다 보니 초고대 수메르에서 유래한 서양문명의 우주관은 미궁에 빠져서 두세 걸음도 나아갈 수 없게 된다. 무에서 유가 생기지 않는다면 유일하게 가능한 우주관의 제1원리는 물질 불멸설, 즉 에너지 불멸설이 될 것이다.

그러나 이 설이 과연 영구불변의 진리로 유지될 수 있을까? 영원 이전에 물질이 있고, 영원의 미래까지 그 질량이 존속한다고 하면, 영원 이전에 우연히 생겼다는 물질은 어디에서 어떻게 생겼다는 말일까? 요컨대 그것은 '알 수 없다'라고 할 수밖에 없고, 그렇다면 당연히 학설로 성립되지 않는다.

그런데 19세기 후반 전기현상을 발견하면서 서양 물리학에 전자학(電磁學)이 형성된다. 그 결과 원자모형이 고안되었고, 그 원자모형에는 원자핵 둘레를 음전자가 회전하고 있다. 또 양전자는 원자핵 속에 흡수되어 있다. 더 연구를 해보면 원자핵은 수많은 소립자로 쪼개진다. 그리고 놀랍게도(!) 그 소립자는 '생멸(生滅)'한다. 즉 물질의 궁극적인 모양으로 보이는 그 소립자가 사라져버리는 것이다.

10.

오카 키요시(岡潔)는 胡蘭成의 《자연학》 서문에서 이렇게 썼다.

"서양사상이라는 이즘(Ism)은 빌스와 아주 닮은 것으로, 사람이 그 것을 믿지 않으면 그 실체는 없는 것이지만, 일단 그것을 믿게 되면 갑자기 독자적인 활동을 시작한다. 인류는 지금 이 빌스 때문에 멸망에 직면해 있다."

빌스(윌스)가 생물인지 무생물인지 알 수는 없다. 그것은 알맹이 유전자라서 그 자체로는 죽어있다. 단지 외부의 생물에 붙어서 기생하면서 그 숙주의 영양을 먹고 증식한다. 胡蘭成은 이 빌스는 무생물에서 생명으로 진화하지 못한 것, 생명으로 되지 못한 것이라고 주장한다. 그에 따르면 "자연의 순서는 息-生-命-悟 이다"(《자연학》: 34)라고 한다.

息은 궁극의 자연 그 자체.
자연의 호흡(息)은 無에서 有인 물질(物質)을 만든다. 그것이 生이다. 따라서 모든 물질은 살아있다.
그 생물에서 命이 태어난다. 곧 生命이다.
마지막으로 인간이 깨달(悟)으면 문명(文明)이 만들어진다.

그리고 이 4개의 단계로 변천할 때 3개의 변이가 생긴다. 그 3개의 변이는 다음과 같다.

1. 소립자(素粒子) - 이것은 息과 生 사이에 있다.
2. 빌스(윌스) - 이것은 生에서 命이 되지 못하고 탈락한 것이다.

3. 서양인 - 이들은 悟에서 탈락한 자들이다. 즉 문명(文明)이 되지 못하고 무명(無明)으로 전락한 존재들이다.

제1항의 소립자는 궁극의 자연인 息과 生(물질)의 두 세계를 왕복하고 있다고 본다. 이것은 정상이라고 말할 수 있다. 그러나 제2항의 빌스(윌스)는 生도 命도 아니다. 또 물질도 아니고 생명도 아니다. 물질에서 생명으로 진화하는 도중에 탈락해버린 존재다. 그렇게 해서 빌스(윌스)는 지구에 생명이 출현한 수십억 년 전부터 생명에 기생하여 존속하고 있다.

제3항의 서양인!

결국 이것이 핵심적인 문제다.

구석기시대까지는 인류도 미생물에서 영장류에 이르는 생명의 틀을 벗어날 수 없었다. 胡蘭成에 의하면 신석기시대와 동시에 인류의 일부는 '생명'의 경계를 뛰어넘어 깨달음의 경지에 들어온다. 그리고 이 '깨달음'에 의해 인류의 일부는 문명화한다.

인류의 일부란 누구를 말하는 걸까?

胡蘭成에 의하면 1만 수천 년 전 대홍수의 위험에서 살아남은 이란 북동부 고원지대 사람들은 문명의 깨달음을 열고 신석기시대로 들어가고 있었다고 한다. 이 사람들이 인류문명의 정통이며 그것이 중국문명, 일본문명으로 나아갔다.

그러나 수메르, 이집트로 흘러간 문명은 나중에 노예제도를 채용했기 때문에 오염되고 말았고, 결국 그 문명은 멸망하고 無明化했다는 것이다. 유럽문명이라는 것은 무명으로 전락한 수메르, 이집트문명의 잔해에 불과하고 게다가 그 잔해마저 완전히 부패해버렸다.

그리하여 서양은 빌스(윌스)와 같이 다른 문명체에 기생하여 그것을 다 먹어야 하는 위험하기 짝이 없는 존재로 전락했다고 胡蘭成은 말한다.

이런 이유로 해서 오늘날 우리는 그 서양인의 한 사람, 폴 비릴리오로부터 자살로 가는 세계라는 경고의 글을 읽게 된 것이다.

7

레오 스트라우스와
유대교 카발라학

1.

2003년 3월, 미군과 영국군이 이라크에 대하여 제국주의 침략전쟁을 개시하면서 일본의 매스컴은 갑자기 미국의 네오콘파를 발견했다는 듯 야단법석을 떨었다.

그로부터 6개월 사이에 네오콘에 관하여 번역본을 포함해 여러 권의 책이 출판되고, 수십 권의 잡지 논문과 신문기사도 출현했다. 네오콘을 조금씩 언급한 기사를 포함시키면 그 수는 훨씬 더 많을 것이다. 나는 그 대부분을 훑어보았지만 그들의 네오콘에 대한 인식은 천박하기 그지 없었다.

네오콘파의 교조 레오 스트라우스에 관해서는 《뉴욕타임스》에 조금 상세한 논설이 발표되었는데 그것을 《아사히신문》(朝日新聞)이 그대로 인용하여 논평한 적이 있다. 그러나 그것뿐이고, 그 후 오늘에 이르기까지 스트라우스에 대해서 더 이상 언급하지 않고 있다.

샤디아 B. 드러리 여사의 네오콘 사상에 관한 기본적인 문헌 《레오 스트라우스와 미국 우익》(1997), 《알렉상드르 코제프 - 포스트모던 정치의 원류》(1994)에 관해서도 일본에서는 아무런 언급도 없다.

일본계 미국인 학자 프랜시스 후쿠야마는 그나마 《역사의 종말》이 번역되어 일본에서도 다소 이름이 알려져 있다. 후쿠야마가 사실은 네오콘 멤버라는 것을 알면서도 그냥 아는 것으로 끝나버린다. 그가 앨런 블룸을 통하여 스트라우스 학파의 유력한 일원이 되었다는 것뿐만 아니라, 그의 스승 블룸이 스트라우스의 의향(意向)대로 파리로 건너가 스트라우스의 친구 코제프에게 배웠다는 사실도 전혀 의식하지 않는다.

코제프는 1930년대 후반 파리에서 헤겔의 정신현상학을 강의했다.

이 강의에는 당시 선택된 프랑스 엘리트들이 모여들었는데, 제2차 세계대전 후 서양사상계를 리드하는 포스트모던 철학자들 대다수가 그들 중에서 배출되었다. 스트라우스에서 유래한 미국 네오콘은 실제로 이 포스트모던과 밀접한 관계가 있다. 그것조차 일본에서는 외면하고 조금도 다루지 않는다.

스트라우스는 나치정권 시절 독일 법학계의 정점에 군림한 칼 슈미트와도 아주 긴밀한 관계였다. 네오콘파의 이론과 행동에 이 사실이 갖는 의미에 관해서도 일본인들은 전혀 생각하려 들지 않는다. 여기에서도 또다시 일본인은 사물의 일부 겉면만 피상적으로 보는 등 자기만족을 한다. 민족적 숙벽(宿癖, 오래된 나쁜 버릇)을 드러내고 있는 것이다.

"스트라우스의 유대주의는 최악의 의미인 랍비적 유대주의다. 그는 종교를 우선하는 입장에서만 정치에 관심을 가졌다."(드러리, 1997 : 56).

이 말은 대체 무엇을 의미할까? 이 대목에서도 자칭 학자입네, 저널리스트입네 하는 일본의 작자들 입은 다물어지고 눈과 귀는 멀어버린다.

레오 스트라우스는 단지 한 사람의 유대인, 유대계의 한 인물이 아니다. 그는 독일에서 대학을 마치고 베를린의 유대연구소에서 7년 동안 중세의 유대교를 연구한다. 중세 유대교 중에는 **카발라학**도 포함된다. 즉 스트라우스의 본령은 카발라학파인 것이다. 따라서 네오콘의 본질이 스트라우스 학파라고 하는 것은 네오콘 속에 카발라학이 들어가 있다는 것을 의미한다.

그러면 카발라학이란 어떠한 것일까?

카발라학(cabbala cabbalah kabala kabbala) | 유대의 랍비들이 7세기경에서 18세기에 걸쳐서 주창한 밀교적 신지론(神智論). 12~3세기경에 절정에 이르렀고, 중세 및 르네상스 시기에 일부 기독교 사상가에게 영향을 미쳤다고 한다. 일반적인 의미로 비전(秘傳), 비교(秘敎)라 쓰고 있다.

2.

"스트라우스는 종종 카발라주의자로 정의된다. 그의 저서가 밀교성을 띠고 있기 때문에 그렇다. 스트라우스는 어떠한 의미에서도 종교적 신비주의자는 아니다. 그럼에도 불구하고 그의 사고는 유대의 신비주의가 세속화된 것이라고 할 수 있다."(드러리, 앞의 책: 59).

유대의 신비주의란 요컨대 카발라주의, 즉 카발라학을 의미한다. 드러리 저서에는 스트라우스 학설의 카발라학적 성격에 관하여 세 항목으로 나누어 설명하고 있다.

① 스트라우스는 카발라적 해석법 및 그 밀교성을 공유한다.
② 스트라우스는 지식은 위험천만한 에로틱이라는 카발라적 견해를 공유한다.
③ "세 번째로 스트라우스의 철학자 및 예언자에 관한 견해와, 구세주(메시아)에 관한 사바타이파의 개념 사이에는 신비적인 유사성이 있다."
(드러리, 앞의 책: 63).

이상 세 항목 중 마지막 세 번째에 관해서는 주석을 붙일 필요가 있겠다.

사바타이파는 17세기의 저명한 유대인 사바타이 쯔비(Sabbatai Tzevi; 1626~76)에서 유래한다. 그는 당시에는 '가짜 구세주'라고 불렸지만, 17세기 중반에는 많은 유대인들이 그를 진짜 구세주라고 믿게 되었다.

사바타이주의는 카발라학을 일반 유대인에게 알기 쉽게 해설하려고 하는 유대교의 한 분파다. 일본인은 이 항목에 관해서도 전혀 모른다.

무지라기보다는 완벽한 무관심이다. 그보다도 이런 사실을 쓰레기 이하의 정보로 간주하고 있는 것은 아닐까?

드러리 저서에서는 설명하고 있지 않지만 사바타이 쯔비와 그가 주도하는 운동이 무대에서 사라진 후, 그것은 18세기 유럽에서 야곱 프랑크(1726~91)에 의해 프랑키스트 운동이라는 대규모 종교운동으로 부활된다. 그것은 단지 유대교의 일파뿐만 아니라 전 유럽, 나아가서는 전 세계를 끌어들여 오늘날과 같은 형용하기 어려운 상황을 만들어내는 하나의 뿌리가 되었다. 일본인은 사바타이파의 계승자인 프랑키스트에 관해서도 역시 비참할 정도로 무지한 상태이다.

카발라에 관해서 프리메이슨의 가장 권위 있는 해설은 앨버트 파이크(Albert Pike)의 《도덕과 교의》(Morals and Dogma of Ancient and Accepted Scottish Rite of Freemason)에서 찾을 수 있다. 또 존 다니엘(John Daniel)의 《음부(淫婦)와 야수》(Scarlet and the Beast) 제2권 38페이지에 그 부분이 상세히 인용되어 있다.

카발라학자들은 이렇게 말한다. 사탄의 본래 이름은 야훼의 반대이며 사탄은 검은 god가 아니다. GOD의 부정이다. 데블(devil)은 무신론 또는 우상숭배의 인격화이다.

나아가 파이크는 루시퍼에 관하여 아래와 같이 서술한다. 참고로 파이크는 유대인은 아니지만 카발라학에 정통한 카발라주의자이다.

"루시퍼는 절대로 천상계에서 타락한 것이 아니다. 그는 세계의 빛이고 전지전능한 GOD와 같은 권능을 가지고 있다."

그리고 덧붙이기를 카발라학에 대한 심오한 이해야말로 프리메이슨 최고 간부의 필수조건이라고 한다. 그는, 루시퍼는 GOD와 동등한 존재이자 완벽한 선(善)이라고 이해하고 있다.

3.

크리스트교의 주장을 간단히 요약한다.

① 전지전능한 조물주로서의 GOD.

② 천사단.

③ 그 중 대천사 루시퍼가 GOD에 대하여 반란을 일으키고,

④ 천사의 1/3은 루시퍼 편이고,

⑤ 천상계에서 GOD군과 루시퍼군 사이에 대전쟁이 벌어지고,

⑥ 루시퍼는 패하여 천상계에서 지상으로 떨어져 사탄(Satan)이 되고,

⑦ 그 사탄은 인간의 시조 아담과 이브를 유혹하여 GOD의 금지명령을 깨고 지혜의 나무 열매를 먹게 하고,

⑧ GOD는 그것을 알고 아담과 이브를 에덴동산에서 추방했다.

대부분의 일본인은 이 서술을 옛날 이야기 정도로 이해하든지 또는 전혀 의미 없는, 마음에 담아둘 가치가 없는 이야기로 여긴다. 따라서 GOD와 루시퍼와 사탄과의 관계는 생각하기도 귀찮은 것이다. 그러나 유대에서 기원한 일신교 세계는 30억 이상의 (기독교계열 신·구교, 이슬람교, 유대교 등) 신자가 있다. 이 사람들에게는 위에서 말한 문제는 아무렇게나 해도 좋은 사소한 이야기일 수 없다.

앨버트 파이크의 설명은 크리스트교의 주장과는 상당히 다르다. 그는 말하길, 루시퍼는 천상계에서 떨어진 것이 아니라고 주장한다. 그에 따르면 천상계에서 전쟁 자체가 존재하지 않았고, 따라서 루시퍼가 GOD에게도 패배하지 않았으며, 본질적으로 루시퍼와 GOD는 동격이라는 것이다.

여하튼 크리스트교의 주장을 쉽게 설명하면 다음과 같다.

① 루시퍼는 천지만물의 창조자인 GOD와 같이 되고 싶은 야심을 품은 결과, 천상계에서 추방당했다.

② 다시 말해 루시퍼는 자기도 조물주, 즉 창조자가 되고 싶었다.

③ 그런데 지상에 떨어져 사탄이 된 루시퍼는 GOD의 모습과 비슷하게 만들어진 아담과 이브에게 지혜의 나무 열매를 먹고 조물주인 GOD처럼 되라고 유혹하고 선동했다.

④ 아담과 이브는 사탄의 꼬임에 빠져 GOD처럼 되고 싶다고 생각했다. 그래서 지혜의 나무 열매를 따먹고 그 결과 낙원(에덴동산)에서 추방당했다. 이것이 인간의 원죄다.

⑤ 그리하여 아담과 이브의 자손인 인간은 GOD와 사탄인 루시퍼라는 두 주인을 갖게 된다.

⑥ 루시퍼를 주인으로 갖는 것은 조물주인 GOD처럼 되고 싶다는 것, 즉 GOD를 죽이고 자기가 GOD가 되고 싶은 욕심에서다.

그러면 그 후에는 어떻게 될까?

루시퍼를 믿는다는 것은 루시퍼주의적 인간이 GOD가 창조한 자연을 전부 파괴해가는 것, 그리고 자연을 자기가 다시 만든다는 것을 의미한다.

4.

여기에 서양문명(사실은 無明)의 근본적·치명적 결함이 있다.

이 결함을 전적으로 인식하기 위해서는 胡蘭成의 저서《일본 및 일본인에게 보낸다》 '제5장, 세계의 문명사에는 정통이 있다'를 참조해야 한다. 이하에 그 처음 부분을 인용한다.

세계문명은 지금부터 1만 2천 년 전, 우리 선조를 포함하여 몇몇 인종이 홍수를 넘을 때에 無를 깨닫고서 서남아시아에서 신석기시대를 연 것에서 시작된다. 그 이전의 구석기인은 무명(無明)이었다.

대자연에는 의지와 息(호흡)이 있다. 의지에는 생각이 있고 息에는 감(感)이 있기 때문에, 이것이 만물에 부여되어 자연계의 모든 것에는 생각이 있고 感이 있는 것이다.

인간만이 이것을 깨닫고 자각했다. 인간의 자각은 대자연이 자각한 것이라고 말할 수 있다. 인간이 대자연을 대상으로 하여 깨달은 것이 아니라, 인간이 대자연과 일체가 되고 대자연을 자기 자신 자체임을 자각한 것이다.

(胡蘭成,《일본 및 일본인에게 보낸다》: 182. 밑줄은 인용자).

바로 이것이다!

문명이란 인간이 대자연과 일체가 되고 대자연을 자기 자신으로 자각하는 것이다. 이것은 동양의 고대문명에 관한 훌륭한 정의라고 할 수 있다. 그래서 어떻게 된다는 걸까?

인간은 대자연의 조화와 창조의 심오함을 깨닫고 계속 인공물을 만들어낸다. 그러나 그 인공물은 단순한 인공물이 아니다. 그것은 대자연의 無, 대자연의 息과 통하지 않으면 안 된다. 따라서 동양의 인공물에는 생명(生命)이 있고 혼(魂)이 깃들어 있는 것이다. 그러한 인공물은 대자연의 속에 자기가 해야 할 몫을 하고, 때가 오면 無로 되돌아간다는 것을 안다.

이에 반하여 서양은 문명이 되지 못하고 무명으로 전락한 채 그대로 있다. 그들의 역사는 조화의 신, 천지창조의 신에 반역하는 역사와 같다. 그들의 문명(사실은 무명)이 진보하여 권력과 권능이 증대함에 따라 다음의 모습으로 나타난다.

① 조물주가 창조한 결과인 존재가 대자연을 파괴해가고,

② 그 대신에 그들에 의해 만들어진 인공물이 쌓여간다.

③ 그러나 이 인공물은 대자연과 일체되지 않기 때문에 그 집적의 정도가 진행될수록 그들의 문명(무명)은 정체되고, 나아가 질식하기에 이른다.

호프만 2세가 쓴 《유대주의의 이상한 신들》(Judaism's Strange Gods)(2000) 88페이지에 다음과 같이 서술되어 있다.

헤르메스주의(Hermeticism Hermetism) | 보통은 신비학occult science이나 연금술을 가리키지만, 여기에서는 헤르메스 트리메기토스Hermes Trismegistus의 사상이나 그를 따르는 무리를 말한다. 신플라톤주의자 등은 이 사람을 이집트 지혜의 신 토트Thoth에 빗대 표현하거나 그리스 신 헤르메스와 동일시하기도 했다. 신비설 신지학 점성술 연금술에 관한 여러 저술의 저자로 알려져 있다. 참고로 토트는 지혜 학문 마법의 신으로 숫자와 문자를 발명했다는 이집트의 신이다. 그리스인들은 이 토트를 자신들의 신 헤르메스와 동일시했다고 한다.

"유대주의의 핵심은 그노시스주의나 이집트의 **헤르메스주의** 핵심과 똑같이, 우주를 만들어낸 GOD의 창조에 반대하는 마술이다. 즉, 그것은 자연에 대한 적대이다."

호프만 2세에 따르면 유대주의의 정체는 반자연, 즉 자연에 대한 적대라고 한다. 크리스트교도인 호프만 2세에게는 이 대자연은 전지전능하고 유일한 GOD의 창조물이기 때문에, 그렇지 않은 유대주의의 본질에 대해 한마디로 GOD에 대한 적대라고 표현했을 것이다.

5.

'자연에 대한 적대!'

이것은 물론 인간 이전의 동물계나 식물계에는 존재하지 않는다. 자연을 적으로 보는 것은 인간 이외에 다른 생물과는 관계가 없다. 이것은 자연을 정복대상으로 보고 자연정복전쟁을 시작한 인간에게 나타나는 고유한 세계관일 것이다.

이것은 대체 어떤 것일까?

서양 중심의 세계사에서는 바로 이것이 인류문명의 탄생이고 인류문명의 진보와 향상 그 자체라고 설명한다. 그러나 胡蘭成 설은 완전히 다르다. 그의 이론에서는 자연에 적대적인 서양의 역사란 인류문명이 생겨났을 때 문명이 되지 못한 빌스(월스)와 아주 닮은, 문명에서 배제된 무명이라고 한다. 그것은 문명의 단편을 약탈하고 악용한다.

몇 가지 예를 보자. 일본인들은 영어 시빌리제이션(Civilization)을 메이지시대 때 '문명'이라고 번역했는데, 이것은 치명적인 실수였다.

서양에서 말하는 시빌리제이션이란 요컨대 '도시화'를 말한다.

'도시'란 무엇인가? 그것은 지구생태계 속에서 발생하여 궁극적으로는 숙주인 지구생물 전체를 죽음에 이르게 하는 '암'과 같은 것이라고 胡蘭成은 정의한다. 이 정의를 채용하면 서양의 시빌리제이션이란 인류의 암화(癌化), 지구생태계를 죽음에 이르게 하는 인류사회의 암화된 질병인 것이다. 따라서 이것을 단순히 '야만'이라는 말로 설명할 수 없다는 것이다. 그러나 바쿠후 말기에서 메이지 초기에 일본인은 서양을 적절히 평가하는 언어를 갖고 있지 않았다.

"20세기에 테크노사이언스적 '진보'의 광신자들이 전투적인 적개심을 필요불가결하다고 생각했던 적이 있었다. 그들에게 진보란 자연에 대한 돌격인 것이다."(비릴리오,《자살로 향하는 세계》: 146).

여기에서 비릴리오는 '테크노사이언스'라고 했다. 그렇다면 기술과학 또는 과학기술이라는 것의 정체는 무엇일까? 여기에서는 기술이 주, 과학이 종이라는 것은 물을 필요도 없다. 그러나 원래 과학이란 무엇이고, 기술이란 무엇일까?

胡蘭成의 말을 들어보자.

그에 따르면 知에는 세 등급이 있다고 한다.

제1등급의 지는 근본지(根本知)이다. 바퀴, 지레, 자연수의 1, 수학의 공식, 기하의 다섯 가지 자명한 이치, 절대 음, 문학, 점괘 등을 발명한 지가 그것이다. 이것은 이론에 의하지 않고 이론을 만든다. 이러한 제1등급의 지는 반드시 행위적이고 조형적이다.

제2등급의 지는 주어진 수학과 물리학 등을 새롭게 연구하여 연역한다. 그것은 스스로 행위하거나 조형하는 것은 아니다. 과학지(科學知)라고 한다.

제3등급의 지는 주어진 수학과 물리학 등의 방법을 응용하여 물체를 조립하고 구조하여 움직이게 한다. 기술지(技術知)라고 부른다.

요즘 미국인의 기능주의는 제3등급의 지이다. 서양인에게는 근본지란 없다. 수학과 물리학의 방법을 응용할 뿐인 기술과학은 제3등급의 지이고, 이러한 말단의 지에서 만들어진 것은 모두 대용품(代用品)이다. (胡蘭成,《일본 및 일본인에게 보낸다》: 185~8).

6.

동양의 전통을 계승·발전시킨 胡蘭成은 지를 ①근본지 ②과학지 ③기술지 세 개의 단계로 설정한다.

서양이 도달한 최고의 단계는 고대 그리스문명의 정상인 과학지이다. 그러나 그것은 이미 잃어버렸고, 기술지가 절정에 서 있을 뿐이라고 그는 말한다.

그러나 胡蘭成의 이러한 설명은 서양의 표면을 본 데 불과하다. 서양에 '그노시스'라는 말이 있다.

그노시스(Gnosis)는 '지'를 의미한다. 그것은 영지(靈知, 영적인 지식이나 인식), 또는 신비적 직관(直觀)이라고 번역되어 그노스틱(Gnostic)은 그노시스교도를, **그노스티즘**은 그노시스교를 뜻한다.

> 그노스티즘(Gnosticism) | 1~4세기에 널리 퍼진 영지를 근본 주장하는 기독교의 이단설. 신의 세계와 물질세계가 있다는 이원론을 내세우고 물질세계에서 해방되기 위해서는 영지가 필요하다고 주장한다.

본래 그노시스를 모르고서는 서양을 말할 수 없다.

일본인은 메이지 이후 서양에 관한 막대한 양의 지식정보가 숭양론자(崇洋論者)를 중심으로 하는 몇십만 명의 학문 노예에 의하여 주입되어 왔음에도 불구하고, 그노시스주의에 관해서도, 초고대 이집트에서 유래한 헤르메스주의에 관해서도, 나아가서는 유대의 카발라학에 관해서도 완벽하게 무지하다. 따라서 막상 '그노시스'나 '연금술' 등에 관하여 뭔가를 배우려고 해도 허공을 잡는 것과 마찬가지 양상이다.

지금 일본에서 읽을 수 있는 그노시스와 연금술에 관한 가장 훌륭한 문헌은 마이클 호프만 2세의 《프리메이슨의 심리조종술》(원제는 Secret Societies and Psychological Warfare)이다. 특히 아래의 다섯 가지 점을 염두에 두고 읽으면 좋을 것이다.

① 자연인가 그노시스주의인가 – 신성한 창조와 위조물(僞造物)

② 유혹 – 마인드 컨트롤의 제1원리

③ 사탄은 신의 모방

④ 창조를 '완성' 시키는 것의 프리메이슨적 도그마

⑤ 과학주의 – **흑마술**(黑魔術)의 한 형태

흑마술(黑魔術, Black Magic) | 악마의 도움을 받아 하는 마술. 흑주술이라고도 한다.

호프만 2세의 이 저작의 상상력 수준은 대단히 높다. 반드시 읽어야 할 필독서의 하나다. 이 저작을 잘 읽으면 그노시스주의 또는 헤르메스주의의 정체를 깨닫게 될 것이다. 이하에 그의 주장을 요약해둔다.

① 그노시스주의는 에덴동산에서 아담과 이브가 추방된 이야기에서 출발한다.

② 사탄이 아담과 이브를 유혹하여 GOD의 금지를 어기고 지혜의 나무 열매를 먹도록 부추긴다.

③ 그 후에도 사탄은 이 나무의 열매를 먹으면 당신들은 지혜가 생길 것이고, GOD와 동등하게 될 수 있을 터이니 먹어보라고 선동했다(부추겼다, 유혹을 했다).

④ 이브가 먼저 그 유혹에 넘어가 지혜의 나무 열매를 먹고 다음에 아담이 먹었다.

⑤ 그리하여 신(GOD)은 아담과 이브를 에덴동산에서 추방했다.

⑥ 그노시스주의의 그노시스(지)란 악마가 인간(아담과 이브)에게 약속한 신(GOD)과 동등한 것이 되게 하는 바로 그 '지' 이다.

⑦ 그러나 그 '지' 는 신을 모방(Satan Is The Ape of GOD)한 지이다.

7.

그의 말을 충실히 따라가 보면 서양의 지는 이원론적 구조로 되어 있다는 것을 알 수 있다.

즉, 신(GOD)의 지와 악마(사탄)의 지라는 이원론이다. 그노시스의 지는 악마의 지 또는 루시퍼의 지이다. 이 점을 일본인은 이해하지 못한다.

악마(사탄)의 지, 또는 루시퍼의 지란 무엇일까? 그것은 의심할 여지도 없이 胡蘭成이 말하는 "서양은 노예제도에 의해 오염되어 문명이 되지 못하고 무명으로 전락했다"라는 바로 그것일 것이다. 일단 노예제도에 의해 오염된 모든 지는,

① 노예제도를 강화시키려고 하는 노예주계급을 위한 지.
② 노예제도로 편성된 노예계급이 그 제도에 순응·영합하려는 지.
③ 아니면 노예가 그 제도에 반역하여 그것을 전복시키려고 하는 지.

그 어느 쪽으로든 기울게 되어 있다. 그렇지만 노예제도는 그 전제로서 아래의 네 가지 역사과정이 선행한다.

① 수렵민으로서 야생동물과의 투쟁이 강화되고,
② 야생동물의 무리를 가축화하여 사육하기 위한 투쟁에 돌입하며,
③ 수렵민, 축산민, 농경민 등 부족 간의 투쟁이 계속적인 전쟁으로 발전해가고,
④ 이 전쟁에서 패자는 노예가 된다.

'지'는 이러한 부단한 투쟁과 전쟁에서 승리하기 위하여 쟁취하고 축적된 것이다.

누마 쇼조가 쓴《어떤 몽상가의 편지에서》제3권 '제8장 네안데르탈 인의 피'에 다음과 같은 어떤 독일인 의학자의 설이 소개되어 있다.

누마 쇼조(沼正三) | 일본에서 재미있게 읽 히는 저술가다. 처음엔 낯설지만 읽다보면 흥미 있고 매력 있다는 평을 듣고 있다. 철 저한 사전 준비와 노력을 기울이는 것으로 유명하다.

① 네안데르탈인은 제3빙하기, 즉 지금부터 5만 년 전에 전 유럽에 분포되어 있던 구석기인이다. 현 인류와 침팬지의 중간 정도에 위치한다.

② 제4빙하기를 지나서 2, 3만 년 전이 되면 현대 인과 거의 같은 크로마뇽인이 유럽에 들어오고, 드디어 크로마뇽인은 네 안데르탈인을 가축화하여 사역한다.

③ 그 사이에 크로마뇽인과 네안데르탈인 사이에 혼혈이 생기고, 원래의 네안데르탈인은 크로마뇽인에게 흡수되어 소멸한다.

④ 결국 유럽인 조상의 피에 가축인의 피가 섞이게 되었고, 그것은 후대에 와서 그 자손에게 유전되어 '가축적 복종에 대한 충동'이 생긴다. 그것이 서양의 마조히즘(피학 지향)이다.

(앞의 책: 133~6).

8.

누마 쇼조는 환상적인 전후 최대의 걸작《가축인(家畜人) 야프》의 저자 로 나도 그의 이름은 잘 알고 있다. 이 작품은 전후 일찍이 사드 및 마조 마니아를 위한, 완전히 언더그라운드적인《SM 新說》에 연재된 것이었 는데 **미시마 유키오**에 의해 절찬받았기 때문에 후에 일반 독자에게도 읽혀지게 되었다고 들은 적이 있다.

최근 우연한 기회에 누마 쇼조가 쓴《마조히스트 M의 유언》을 읽다가 내친 김에《어느 몽상가의 편지에서》도 같이 읽었는데, 이것은 재미뿐 아니라 다음의 내용은 아주 중요하다는 것을 알았다.

《마조히스트 M의 유언》가운데 '성도착(性倒錯)의 이마고'에 아래와 같은 취지의 논술이 있다.

① 사디즘과 마조히즘은 인간심리의 2대 도착(倒錯)이다.

② 그러나 이 설은 어딘가 이상하다.

③ 사디즘은 인간심리의 도착이 아니라 사실은 인간의 정상적이며 주된 심리다.

④ 뿐만 아니라 "사디즘은 인간을 만물에 군림하게 하는 거대한 추진력이었다." 인간 중에 뛰어난 성공자들은 이 사디즘으로 인해 신을 닮을 정도로 입신출세를 할 수 있었다. 끝없는 우위성 획득의 리비도(libido, 성적 충동. 성본능의 에너지) 대부분은 사디즘에서 시작한다.

⑤ 마조히즘은 사디즘에 대한 일종의 억제이다.

사디즘(가학 지향)은 18세기 말부터 19세기 초에 프랑스의 작가 사드 후작으로부터 유래하였고, 마조히즘(피학 지향)은 오스트리아의 작가 레오폴트 폰 자허 마조흐(L. R. von Sacher-Masoch; 1836~95)로부터 유래했다. 둘 다 근대 서양의 이데올로기이다.

사드 후작은 생전에는 극단적인 이단의 작가라고 해서 세상에서 기피되었다. 그러나 다른 쪽에서는 19세기 서양인에게 가장 큰 영향을 준

사상가는 사드 후작이라는 평가도 있다.

서양의 백인은 식민지 과정에서 유색인종에게 성대하게 사디즘을 실행했다. 누마 쇼조는 알제리에 대한 프랑스인의 압제에 대해 다음과 같이 인용하고 있다.

주민 두세 사람이 도둑질을 했다고 한 마을을 전부 학살한다든지 (1831년 로비유 후작), 무고한 양민 5백 명을 동굴에 끌어다 넣고 동굴 입구에 불을 질러서 모두 태워 죽인다든지 (1845년 브리셰 장군), 흑인은 아예 인간 취급을 하지 않는다든지…….

그런 식민지적 사디즘이 마조히스트를 만들어낸다. 지배자로부터 인간취급을 받지 못하는 피지배자 중에서 점차 지배자의 뜻을 받들어 스스로 인간일 것을 포기하려는 축생(畜生) 지원자가 출현하게 되는 것이다. (《어느 몽상가의 편지에서》제2권: 219).

분명히 19세기는 구미 열강 제국주의가 아프리카, 아시아, 그리고 아랍의 이슬람 등 전 세계를 식민지화한 시대이다. 사디즘이 이 시대 서양 백인들 심리의 저변에 깔려 있었다는 설명은 충분히 납득이 간다.

9.

지배자의 이데올로기가 사디즘이라고 한다면 "피지배자는 지배자에 대하여 마조히스틱 상태가 되어 순응하지 않을 수 없는 것이다."(沼正三, 앞의 책: 218).

이 피지배자의 마조히즘은 지배자를 신격화하거나 지배자를 숭배하는 것으로 승화하게 된다. 이것은 한편 누마 쇼조가 주장하는 바와 다르지 않을 것이다. 그러면 과연 이것을 '인류문명의 진보'라고 간주할 수 있을까?

이에 대한 답으로 胡蘭成의 말을 빌려보자. 문명이 되지 못한 무명이 아닐까, 라는 그의 말을 말이다.

누마는 다음과 같이 말하고 있다.

"정복자는 피정복자, 즉 예속한 것을 먹고 성장했다. 식물을 정복하고 관리하는 농경기술은 다른 동물을 제압하여 정복의 핵심인 가축화에 성공함으로써 만능이 되었다. 우위(優位)의 문화는 열위(劣位)의 문화를 먹고 그것을 잠식함으로써 비대해졌다. 우위는 열위를 비료로 하여 자란다. 비료를 다 먹은 서구문명은 비대해진 결과 전세계로 확산되고, 종말을 맞이하는 **베텔기우스**처럼 멸망 직전의 불길한 붉은 잔광(殘光)을 남긴다.…"

"인간은 조물주의 대리로서 자전(自傳)한다."

"**안물**이라는 자각이 인간을 두렵게 만든다. 두려움이 유명한 **이마고**를 낳는다.…"

(沼正三,《마조히스트 M의 유언》: 164~5).

> **베텔기우스(Betelgeus)** │ 오리온자리의 별. 반지름이 태양의 800배이고 질량은 20배 정도라고 함.
>
> **안물(贋物)** │ 본인같이 가장했지만 본인이 아닌 사람, 또는 가짜 물건이나 위조물을 말한다. 여기에서는 전자의 의미로 쓰인 듯하다.
>
> **이마고(Imago)** │ 심상(心像)이라고 한다. 사랑하는 사람을 이상화한 개념으로서 어린 시절에 형성되어 어른이 된 뒤에도 그대로 남아있다는 정신분석학에서 쓰는 용어.

누마 쇼조라는 사람에게는 동양적인 교양과 소양, 일본인으로서 전통문화에 대한 이해가 조금도 남아있지 않다. 그렇다면 이 사람은 어떤 사람일까? 서양인이다. 서양인이 되어버린 것이다. 그럼으로써 거기에서 서양이라는 것의 정체, 서양의 핵심, 서양으로서 서양답게 하는 근본 성격이 나타난다.

서양이 자연정복적 문명이라는 것은 메이지 이후 일본인에게도 자각은 되어 있다. 그러나 그것은 추상적 자각에 불과할 뿐이다. 서양인 심리의 깊은 데까지 도달하지 못하면 서양이 자연정복적 문명이라는 의미를 납득할 수 없다.

서양의 원리는 양육강식, 우승열패주의다. 게다가 그것을 궁극적으로 파고들어가는 원리주의자들이기도 하다. 그들에게 그렇게 돌진하게 하는 그 '리비도'를 문제로 삼아야 한다고 누마 쇼조는 말한다.

리비도(libido)는 단순히 말하면 욕망이다. 프로이트 정신분석학에서는 그것을 인간의 모든 행위의 기저가 되는 근본적인 에너지 또는 근원적인 성적 충동이라고 정의한다. 따라서 누마 쇼조는 서양인의 리비도 본류와 정통은 사디즘이고 그것은 주류, 승자, 우월한 자, 주인을 뜻한다고 보는 것이다. 그리고 이 사디즘에 의하여 노예 가축화된 약자 혹은 패자의 리비도가 마조히즘이라고 보았다.

정말로 이 견해가 맞는 것일까? 누마의 견해를 좀더 살펴보자.

마조히즘이란 가축인(家畜人) 또는 가축의 무리가 된 노예가 가질 수 있는 유일한 정념(情念)이다. 그것은 주인을 신격화하고, 신적 주인을 숭배하며, 그리고 '신 = 주인'에 대한 헌신과 자기희생의 심리를 만들어낸다고 한다. 그럼에도 불구하고 우주만물을 만든 조물주의 대리인이라는 개념을 모방한 이 세계관은 아킬레우스의 발뒤꿈치(아킬레스 건) 같은 약점을 갖고 있다.

누마가 지적하는 것처럼 인간은, 아니 서양의 백인은 스스로에 대해 안물(贋物)이 아닌가 하고 늘 불안에 떨고 있다. 마이클 호프만 2세는 그 이유에 대해 "Satan Is The Ape of GOD."(악마는 신의 모방)이라는 단순한 문장으로 표현했다.

서양의 지(그노시스)는 원래 대자연을 만들어낸 조물주의 지가 아니라 신(GOD)에 반역하고 신에게 벌을 받은 루시퍼, 즉 악마의 지이다. 그 루시퍼의 지를 만들어낸 서양인의 리비도는 주로 사디즘이고 그 보완물이 마조히즘이다.

10.

클리브 스테플스 루이스(Clive Staples Lewis; 1898~1963).

이 사람은 20세기의 지적 거인 중 한 사람으로 생전에 가장 영향력 있는 크리스트교 저술가였다. 그는 옥스퍼드대학에서 영문학을 강의했고 나중에 케임브리지대학 중세 르네상스 영문학 연구소 책임자로 선출되었다. 그는 평생 34권 이상의 책을 펴내 매년 수천 명의 새로운 독자를 늘려나간 인물이다. 그렇지만 일본에서는 그를 잘 모른다.

이 루이스의 저서 중에 《인간의 폐절》(The Abolition of Man)(1944)이라는 책이 있다. 인간의 폐절(廢絶)이라는 말! 참으로 격렬하다. 그의 말을 들어보자.

우리들 인간은 자연에 대한 최종 투쟁단계로 들어가고 있다. 인간은 자연에 대해 최후의 승리를 얻었다. 인간적 자연은 정복되었다. 인간의 최종의 정복은 인간의 폐절이다. 그 사실이 증명되었다. 인간의 자연에 대한 정복은 그 절정의 순간에 역전되어 자연의 인간에 대한 정복으로 전화했다.(루이스, 앞의 책: 61~8).

필자는 루이스라는 영국 영문학자에 관하여 아무것도 모르지만, 이 《인간의 폐절》이라는 저서에 관해서는 여러 곳에서 참고문헌으로 본 적이 있다.

루이스의 이 설은 서양문명의 주류에 대한 근원적인 부정과 비판으로 50년 이상 서양사회의 지식인층에 어느 정도 영향을 주고 있었던 것 같다. 루이스가 이 책에서 동양의 세계, 즉 공자와 노자의 도에 관해서 긍정적으로 언급하고 있는 것도 주목할 만하다.

폴 비릴리오는 '네오콘'파 핵심인물 중 한 사람인 프랜시스 후쿠야마의 다음 문장을 인용하고 있다. 실로 의미심장한 내용이다.

(…) 역사적 식인종의 망상이 이렇게 알린다. 현대 자연과학의 열린 성격 덕분에 "바이오테크놀로지는 우리들에게 사회공학의 전문가가 할 수 없었던 것을 완수하기 위한 도구를 주게 될 것이다. 이 단계에서 우리들은 결정적으로 인간의 역사에서 결별하게 된다. 그것은 우리 자체가 인간 존재를 폐기해버리기 때문이다. 그때 인간을 뛰어넘어 새로운 역사가 시작된다."

비릴리오는 **프랜시스 후쿠야마**의 논설을 '역사적 식인종의 망상'이라고 표현하고 있다. 식인! 이것은 어떤 의미일까? "우리 자체가 인간 존재를 폐기"한다고 하기 때문에 그것을 '식인'이라고 평할 수 있을 것이다. 후쿠야마는 그렇기 때문에 "인간을 뛰어넘어 새로운 역사가 시작된다"고 쓰고 있다. 그것을 다른 말로 하면 '환상'이라고 할 수 있을 것이다.

서양에서 악마의 본질은 환상이다. 모두가 환상…. 요즘 식으로 말하면 가공현실이라고

프랜시스 후쿠야마 | 그는 《역사의 종말》을 펴낸 지 10여 년 동안 자신의 이론의 부조리를 인정하기는커녕 오히려 그 연장선상에서 'La Fin de L, Humanite(인간의 종말)' 《Los Angeles Times》, June, 1999)을 예언하고 있다. 참고로 "포스트 인간시대 여기까지 오다(La post-humaniti est pour demain)" 《Le monde des dehats》, Juillen, 1999)라는 글도 있다. 이상 프랜시스 후쿠야마의 인용문은 폴 비릴리오가 쓴 《환멸에의 전략 – 글로벌 정보지배와 경찰화하는 전쟁》, 2000년: 101~2 페이지에서 따옴 – 저자

할 수 있다. 어째서 그런 현상이 생기는 것일까?

"사투르누스(영어로는 Saturn)와 그의 '황금시대'가 (물심양면에서) 세워진 것은 에덴동산이 끝을 고한 후라고 한다. 그것은 동시에 '사투르누스 = 시리우스'의 불길한 운명의 낫으로 하늘과 땅의 융합을 끊는 것을 의미한다."(호프만 2세,《프리메이슨의 심리조종술》: 32).

'사투르누스'는 로마에 풍요를 가져다준 농경신이다. 그것을 '황금시대'라고 한다. 성서에서는 신에게 반항하여 천국에서 추방당한 타락천사로 등장한다. 그래서 악마를 의미하게 되었다(앞의 책: 16)라고 주해(注解)되어 있다.

시리우스는 큰개자리의 일등성이다.

프리메이슨의 비의(秘儀)에서는 시리우스 별이 지상에 문명을 가져다준 유일한, 또는 "제1의 힘의 심벌로 간주하고 있다"(앞의 책: 20)고 한다.

사투르누스는 낫을 가졌다. 그리고 사탄은 그 낫으로 하늘과 땅의 융합을 끊었다. 그것의 의미는 곧 "사탄적 존재의 본질은 환영(幻影)이고 물질사회는 악령의 '사술(詐術)적 요소'로 가득찬 것이다."(앞의 책: 26).

지금 그 악마의 대리인들은 인간을 넘어서, 즉 인간을 폐기하고 새로운 역사가 시작된다는 새로운 사술(詐術)을 준비하려고 한다. 그리고 그 진실로서 지금 우리는 미국의 국가기관의 핵심을 장악하고 있는 '네오콘' 일당과 마주하고 있는 것이다.

8

네오콘의 속셈
– 인간의 절멸(絕滅)과 로봇인간화

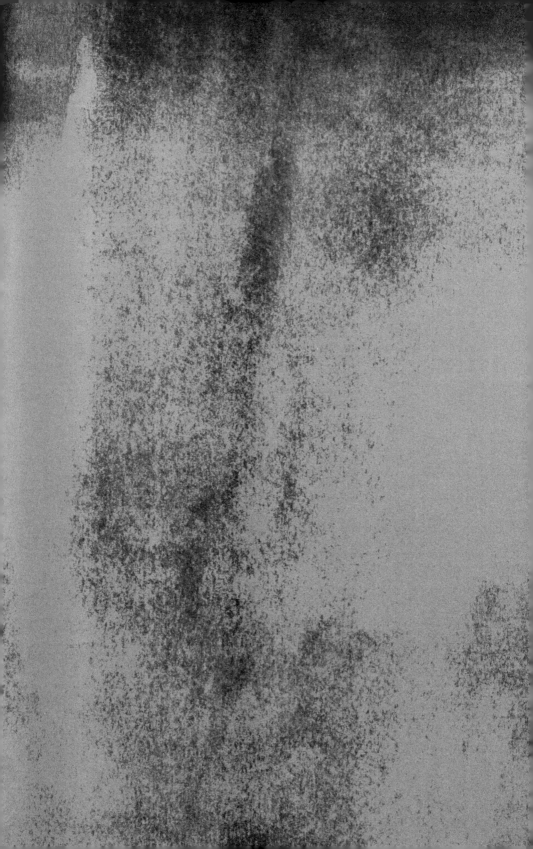

1.

린든 라러슈는 〈수인증후군(獸人症候群, The Beast-Man Syndrome)과 제2차 세계대전의 '공중폭격 테러리즘'〉(《EIR》, 2003. 10. 31 : 14페이지 이하)의 기사에서 네오콘의 배후에 '시나키즘'이 숨어있고, 시나키즘은 고대 그리스의 디오니소스 컬트까지 거슬러 올라갈 수 있다고 서술한다.

또 디오니소스 컬트란 문명이 시작된 이래 악마주의의 상징 혹은 악마주의의 총칭이 될 때도 있다고 한다. 라러슈의 견해를 더 들어보자.

그러한 디오니소스 컬트＝악마주의는 그 시대에 따라서 이름을 바꾼다. 18세기 프랑스혁명 시대에는 마르티니스트라고 불렸다. 시나키스트, 시나키즘은 19세기 나폴에옹 1세 시대에 싹이 트고, 19세기에는 숨어서 세력을 키웠으며, 20세기의 전쟁과 혁명의 시대에는 비밀리에 주역으로 등장한다. 디오니소스 컬트에서 시작한 이 악마주의의 변하지 않는 본질은 다음과 같다.

①어떤 종류의 악덕이나 악행도 태연하게 해치울 수 있는 초인이 인류문 명의 주역으로 등장하고,
②악의 화신인 그 초인에 의하여 인류대중은 베스티얼라이즈(bestialize) 가 된다. 즉 가축인간(휴먼캐틀)화 된다.
③그런 의미에서의 베스티얼리티(Bestiality, 獸性)의 컬트이다.
④즉, 더 비스트맨(The Beast-Man)과 휴먼캐틀(가축인간)로 구성된 사 회, 그것이 궁극적으로 이상적인 문명이다.

더 비스트 맨!

이 용어에 대해 보통의 일본인은 도저히 이해하지 못할 것이다.

The Beast는 인간의 야수 또는 야만적인 성질, 즉 수성(獸性)을 말한다. 그리고 이 말은 신약성서 요한계시록(묵시록)에서는 '크리스트의 적(적그리스도)'을 의미한다. 따라서 'The Beast-Man'이라는 말은 크리스트의 적, 곧 악마의 화신과 같은 인간을 뜻한다.

그러나 보통의 일본인은 비스트, 베스티얼리티(獸性), 베스티얼라이즈(짐승같이 되는) 등의 말의 쓰임을 이해하지 못하고 있다. 여기에서 말하는 것들의 실체는 요컨대 인간이 야생동물을 사냥할 때 사냥하는 과정, 즉 그 수확물의 일부를 가축화하여 사육하는 과정을 그대로 인간 집단에게 적용하고 재현하고 증폭시키는 과정이라고 보면 된다. 그것은 승리한 인간집단이 패배한 인간집단을 가축으로 변모시켜가는 과정이라고 규정할 수 있다.

라러슈에 의하면 인류문명의 탄생과 동시에 이 과정도 시작되었다고 한다. 그것을 적극적으로 추진한 것이 디오니소스 컬트이고, 악마주의자들이다. 그리고 이 과정 전체의 지휘관이 더 비스트, 더 비스트맨, 또는 초인이라는 것이다.

이렇게 설명하면 일본인들도 표면적으로 이해는 하게 될 것이다. 그러나 정말로 가슴깊이 이해하고 있을까?

2.

네안데르탈인과 크로마뇽인의 투쟁의 역사가 아무래도 마음에 걸린다. 앞장에서 누마 쇼조의 《어느 몽상가의 편지에서》에 나와 있는 설명 — 나치 독일시대 어느 의학자의 설 — 을 인용한 바 있다.

먼저 독일계 미국인인 한스 슈미트의 논문을 발췌·소개한다.

《뉴욕타임스》 2003년 9월 30일자에 J. N. 윌포드의 기사가 소개되어 있다. 제목은 〈고대의 거대한 이〔齒〕가 우리 조상에 관한 단서를 준다〉이다. 윌포드 기자의 기사에 따르면, 최근 루마니아의 동굴에서 발견된 3만4천 년 내지 3만6천 년 전 인간의 거대한 턱뼈화석이 발견되었다. 이에 트린카우스 박사는 네안데르탈인과 크로마뇽인의 혼혈 문제에 관하여 여러 가지로 설명하면서, 이제 둘 사이에 혼혈이 과연 이루어졌느냐 아니냐의 문제가 아니라, 혼혈이 어느 정도까지 진척되었는가가 관심의 대상이라고 말했다.

그러면서 슈미트는 과거 수년 동안 '미국의' 과학자들이 우리들에게 우리의 진짜 선조가 네안데르탈인이라는 생각을 강요하였는데, 그 '미국의' 과학자들이란 다름 아닌 유대계 고(古)생물학자들이라고 덧붙이고 있다. "그들(유대계 고생물학자들)은 공언하고 있는 것보다도 더 많은 것을 이미 알고 있는 것은 아닐까?"라며 의심의 눈초리를 보낸다. 그래서 한스 슈미트는 다음과 같은 설을 세운다.

① 네안데르탈인과 크로마뇽인은 어떤 일정한 시기에 동시적으로 유럽대륙에 살았다.
② 유럽 전역에서 네안데르탈인은 크로마뇽인에게 잡혀서 살해되었다.
③ 그래서 네안데르탈인은 파라노이아(Paranoia, 과대망상증)가 생겼고 살아남기 위해 극도로 교활해졌다.
④ 네안데르탈인은 크로마뇽인 여성을 유괴하여 아이를 낳게 했다. 그리하여 양자의 혼혈이 진행되었다.

⑤ 오늘날의 유대인은 크로마뇽인과 혼혈한 네안데르탈인의 자손으로 추
정된다.

⑥ 이 설을 채용하면 독일영토에 사는 독일인을 살육하고, 자신들이 독일
영토의 주인이 되려고 하는 오늘날 유대인의 끊임없는 요구에 대한 근거
를 설명할 수 있다.

우리들로서는 네안데르탈인과 크로마뇽인의 관계는 먼 옛날 완전히
과거의 일이고 현대 인류사회와는 아무 관계없는, 의미 없는 이야기에
지나지 않는다. 그러나 유럽대륙에서는 상황이 다를 수 있다.

앞에서 말한 누마 쇼조의 설은, 네안데르탈인은 일방적으로 크로마
뇽인에게 살해되었거나 순순히 크로마뇽인의 가축으로 봉사했다는 것
이었다.

그러면 혼혈은 어떻게 생긴 것일까?

3.

먼저, 아마노 데쓰오(天野哲夫, 이 사람은 앞의 누마 쇼조[沼正三]와 동
일 인물이다)의 설을 요약한다.

① 우리의 직접 선조는 크로마뇽인이다.

② 크로마뇽인은 식인종이었다.

③ 현 인류의 직계 선조의 역사는 식인(食人)에서 시작한다.

④ 식인종이 아니었던 네안데르탈인은 크로마뇽인에 의하여 가축이 되거
나 잡아먹혀서 멸종되었다.

(天野哲夫, 《여신의 스토킹》: 20, 34., 《여신이 사는 암흑》: 161~2).

그러나 이 설은 문제가 있다. 크로마뇽인이 네안데르탈인을 전멸시켰든 또는 흡수했든 유럽대륙 전역에 거주하게 된 것은 2만 년에서 3만 년 전의 일이고, 그것은 구석기시대에 해당된다. 신석기시대는 훨씬 나중이다. 또 크로마뇽인이 생물학적으로 현 인류의 직접 조상이고 그런 의미에서 우리 몽골계도 그들의 직계 자손이라고 하더라도, 그것은 아직 '문명'의 문제에 아무런 해답을 주지 못한다.

이 대목에서 胡蘭成의 말을 들어보자.

세계문명은 지금부터 1만2천 년 전, 우리 조상을 포함하여 몇 개의 인종이 홍수를 넘을 때 無를 깨닫고 서남아시아에서 신석기시대를 열면서부터 시작되었던 것이다. <u>그 이전의 구석기인은 무명(無明)이었다.</u> (《일본 및 일본인에게 보낸다》: 182).

胡蘭成의 주장에 따르면 그 이전의 구석기인은 무명이었다. 네안데르탈인을 다 잡아먹은 크로마뇽인도 무명이었고 크로마뇽인에게 대항한 네안데르탈인도 무명이었다. 문명의 깨달음을 열지 못한 그들과 오늘날의 우리와의 사이에 문명과 무명의 결정적인 단절을 발견해야 한다.

서남아시아에서 살았던 인류문명의 정통은 중국과 일본에 계승되었다. 그러나 수메르, 이집트에 이주한 문명은 노예제도에 의해 오염되어 무명으로 전락했다. 더구나 "오늘날 대부분의 서양인의 조상은 당시 홍수를 넘지 않고 북유럽으로 도망간 구석기인이다."(胡蘭成, 앞의 책: 183).

이 말을 따른다면 서양인의 조상은 '북방야만족'이다.

"역사의 중심은 서양이고, 서양을 중심으로 그 외의 것이 돌아가는 게 지구의 법칙이었다. 문명의 개척이란 유럽이 확산하고 넓혀간 것이다."(天野哲夫 ,《異嗜食的 作家論》: 36).

아마노 데쓰오에 따르면 서양문명의 법칙은 '약육강식', 즉 힘에 의한 지배다.

"유럽문화는 식인사상의 문화이고 사디즘의 문화다."

"사디즘이야말로 지구의 원칙이고 문화의 본질이다."

(天野哲夫, 앞의 책: 37~8).

그리고 아마노 데쓰오, 즉 누마 쇼조의 설의 핵심은 약육강식의 서양이야말로 인류사의 주류라는 것이다.

이것은 아니다. 약육강식과 사디즘이 인류문명을 만들어낸다고 할 수 없다. 인류가 문명을 연다는 것은, "인간이 대자연과 일체가 되고 대자연을 자기 자신으로 자각한 것이다." "그런고로 대자연에서 받은 몸뿐만 아니라 인간도 대자연과 똑같이 물질을 만들 수 있는 것이다."(胡蘭成,《일본 및 일본인에게 보낸다》: 182).

문명을 가장 표면적이고 현상적으로 정의하면 '어느 일정량 이상의 인공물의 집적(集積)'이라고 할 수 있다. 인공물이란 인간이 자연을 가공하여 만들어낸 물질, 곧 인간이 만들지 않으면 자연계에 존재할 수 없는 물질이다. 요컨대 인간에 의한 자연의 개조와 개혁이다. 인간에 의한 가공, 다시 말해 인공(人工)의 단초는 석기라는 도구의 제작과 사용이다.

그렇기 때문에 서양 고고학자들은 인류사를 석기시대로부터 금속시대로 발전했다고 보는 것이다. 석기시대도 수백만 년 전의 구석기시대와 1만2천년 전에 시작한 신석기시대로 나뉜다. 언뜻 보기에 석기를 조금씩 잘 다루게 되면서 인류의 힘은 비약적으로 증대했을 거라 여겨지고, 특히 수렵에서 그리고 맹수와의 싸움에서 점차 인류는 강자의 입장에 서게 된 거라는 생각이 들 것이다. 그러나 그것은 문명과는 아무 상관없다.

4.

석기는 파괴를 위한 도구다. 따라서 파괴력이 커진다. 초식동물은 어금니로 씹거나 갈고, 육식동물은 송곳니와 날카로운 발톱으로 먹이를 챈다. 새는 부리를 사용하여 쪼고, 코끼리는 코로 음식물을 들어올려 섭취하고 거대한 발로 상대를 짓밟는다.

그러나 이들에 비해 열등했던 원시인은 석기를 가공하게 되면서 점차 파괴력을 높여간다. 그렇지만 그러한 도구의 개량은 인류를 맹수보다도 더 우월한 포획자로 만들기는 했지만 문명인이 되게 할 수는 없었다.

누마 쇼조는 "사디즘이야말로 지구의 원칙이고 문화의 체질이다"라고 한다. 그러나 그것은 서양인의 사고방식을 그대로 받아들인 것일 뿐이다. 유럽인은 무명의 어두움을 탈출할 수 없었다. 즉, 그들은 '대자연과 일체가 되어 대자연을 자기 자신으로 자각'하는 경지에 도달할 수 없었던 것이다.

문명이란 무엇을 말하는 것일까? 그것은 인간이 대자연과 일체가 되는 것을 말한다. 그러면 대자연이란 대체 무엇일까? 그 대자연의 법칙을 아는 것이 인류문명의 기점이다. 胡蘭成은 《자연학》에서 그것을 훌륭하게 묘사하고 《일본 및 일본인에게 보낸다》에서 그것을 더 상세하게 전개했다.

그의 말을 더 들어보자. 胡蘭成의 설에 의하면 자연의 법칙에는 두 개의 체계가 있다.

제1은 서양의 과학용어로 말하면 진화론이고,

제2는 서양의 과학용어로 말하면 공리(公理)다.

우선 진화론부터 살펴보자.

그것은 식(息)-생(生)-명(命)-오(悟)의 단계로 진화한다.

궁극적인 자연, 그것은 無이다.

그러나 그 無는 息, 즉 호흡을 하고 있다(열렸다 닫혔다 한다).

그 無의 息(호흡)에서 有가 생긴다. 이것이 生이다. 이 生이 곧 物質이다. 서양과학에서는 이 물질을 생명이 없는 것으로 본다. 그러나 그 반대다.

다음에 이 生에서 生命이 생긴다. 즉, 단세포 생물에서 인간까지의 생명이…. 그리고 이 인간이 대자연과 일체가 되어 자기 자신을 자각할 때, 거기서 悟가 생긴다. 인류문명(人類文明)의 탄생이다.

이러한 순서로 대자연은 생성한다.

다음에 대자연의 공리다. 이것은 '대자연의 다섯 가지 기본법칙'이다.

① 대자연에 의지(意志)가 있다는 공리

② 대자연에 음양(陰陽) 변화가 있다는 법칙

③ 상대시공과 절대시공의 통일법칙

④ 확률과 불확률의 통일법칙

⑤ 호환(好還)법칙

인간이 무엇인가를 "창조한다는 것은 반드시 자연의 다섯 가지 법칙에 일치하는 것"이어야 한다.(《자연학》: 46).

문명의 깨달음을 열지 못하고 무명에 머무르고 있는 미개야만인도 인공물을 만들기는 한다. 그러나 그것은 비창조적 제작이다. "비창조적 제작은 이 다섯 가지 법칙에 일치하지 않는다."(앞의 책: 4).

바로 그 점에서 서양은 문명이 아닌 무명이다. 무명이라는 점에서 오늘날 서양인과 신석기시대 이전의 미개야만인 사이에는 다른 점이 없다. 따라서 무명인 서양인이 만든 인공물은 비창조적 공작물에 지나지 않는다. 그것이 바로 안물(贋物)이다.

악마는 신의 모방이라는, 그들 서양인의 어법 그대로인 것이다.

5.

"진정한 창조는 '깨달음'을 얻은 천지와 동격인 인간만이 할 수 있다." (앞의 책: 4).

천지와 동격인 인간! 그것이 본래 참된 의미의 문명인이다.

준(準)창조와 본(本)창조는 다르다. 부모가 아이를 낳는 준창조는 다른 생물도 할 수 있다. 그러나 본창조는 문명 이전의 미개야만인이나 동물 식물은 할 수 없다.

깨달음을 얻지 못한 다른 생물이 자식을 낳는 것은 준창조다. 그러나 문명의 깨달음을 얻기 이전의 인간의 비창조적 인공물은 단지 '비(非)창조적'일 뿐만이 아니다. 거기에는 生과 命이 없을 뿐만 아니라, '반(反)창조적인 요소'가 내포되어 있다.

분명히 이것은 대자연의 생성과 발전, 공리와 공도에 어긋나는 일이다. 따라서 서양인은 정말로 기묘한 역사관을 가지고 있는 것이다.

폴 비릴리오는 인류의 문명 또는 기술은 다음과 같이 진화해왔다고
주장한다.

① 우선 인간집단은 야생동물을 수렵한다.
② 다음에 그 수렵집단은 다른 인간집단의 여성을 잡는다. 즉 '암컷가축
군의 포획'이다.(비릴리오,《네거티브 호라이즌[Negative Horizon]》: 30).
따라서 여성의 가축화는 동물의 사육화보다 '선행'하였다.
③ 수렵집단 간의 전쟁에서 포로가 된 수컷은 살해당했다(경우에 따라서
는 잡아 먹혔다).
④ 포로가 된 다른 집단의 여성은 하역동물로 이용되었다. 가축이 된 여성
은 짐을 운반하고, 밭에서 일하고, 또는 아이를 낳는 일에 사역되었다. 나
아가 다른 집단과의 전쟁에서 병참역할을 담당했다
⑤ 이리하여 가부장적 부권사회가 생기고, 부권사회는 목축사회로 성장
한다.
⑥ 다음에 '그들'은 소와 말을 하역가축 또는 승용가축으로 획득한다.
⑦ 이 승용 및 하역용 가축의 시대가 수천 년 이어진 후, 서양은 화석연료
를 사용하는 엔진에 의한 이동기술을 발견하고 근대 문명에 이른다.
(앞의 책: 29~34).

비릴리오의 이 역사상은 아마 이 사람만의 고유한 주장이 아니라, 대
체로 오늘날 서양인 지식인계급에게는 아주 상식적인 견해일 것이다. 비
릴리오도, 전체적인 서양의 지식인도 이런 식으로 인류역사를 총괄하는
것에 아무런 의문도 느끼지 않는다. 그러나 여기에는 중요한 점이 누락
되어 있다. 인류문명의 깨달음이 그것이다.
다시 胡蘭成으로 돌아가자.

"토인비를 포함한 일반 역사학자들은 문명이 신석기시대에 시작되었다는 것을 모른다. 그들은 신석기와 구석기는 정도의 차이밖에 없고, 신석기 초기의 것과 구석기 말기의 것은 크게 차이가 없다고 생각하며, 그 두 개의 시대는 이어진 것이라고 여긴다. 구석기시대에서 신석기시대가 된 것은 불연속이며 비약했다는 것을 그들은 모르고 있다. 그들은 깨달음을 알지 못했고, 그 때문에 문명과 무명을 구별하지 못했다."(胡蘭成,《자연학》: 179).

토인비를 일컫는 것은 아마 서양의 지식인 전반에 관해서 말하는 것과 마찬가지일 것이다. 즉 서양인은 무명과 문명의 구별하지 못한다, 따라서 그들은 문명이 무엇인지 모른다, 이런 뜻일 것이다.

6.

"오늘날 인간의 문명은 세계의 생물을 전멸시키려 든다."(비릴리오,《정보 에너지화 사회》: 104).

여기에서 '문명'이라고 번역되어 있는 말은 '시빌리제이션'이다. 메이지시대에 시빌리제이션이라는 말을 문명이라고 번역해버렸다. 이 말을 일본어로 비슷하게 표기한다면 '도시화'밖에 없다. 그러나 도시화에는 그 뜻만 있는 것이 아니다.

'시빌 로(Civil Law)'라는 말이 있다. 이것을 일본인은 '민법'이라고 번역해놓았는데 이것도 영 이상하다. 이 경우의 '시빌 로'는 사유재산권에 관한 법률을 말한다. 사유재산은 동산과 부동산이다. 동산 중에는 가축 및 가축인간, 노예가 포함된다.

도시란 사유재산 소유권자의 거대한 집적(集積)이다. 따라서 필연적으로 그들이 소유한 가축 및 노예무리, 그리고 사유재산권을 지키기 위한 군대·경찰·관료기관 및 그 체제를 유지·강화하기 위한 학교, 종교 시설이 집중(集中)한다.

이러한 존재는 '문명'이 아니다. 그것은 다음처럼 정의할 수 있다.

① 지구표면에 생긴 악성종양 같은 것이다.
② 비릴리오가 정확하게 기술하고 있는 것처럼, 암으로서의 시빌리제이션은 세계 생물을 전멸시킬 내적 행동의 폭발이다.
③ 그 파괴에너지 지수는 더욱더 증가한다.

한마디로 말해 '악마주의'다.

드러리 여사에 따르면 "코제프는 역사의 종말과 인간의 죽음을 고지했다"고 한다. "그럼에도 불구하고 코제프는 이 참화를 태연자약하게 끊어야 한다고 생각했다. 왜냐하면 그것은 이성과 과학의 전 세계적 승리의 불가피한 결과이기 때문"이라는 것이다.(드러리, 1994: 201).

코제프가 여기서 설명하고 있는 것들은 일본인에게는 미친 소리로밖에 들리지 않을 것이다. 그러나 그런 식으로 받아들이는 일본인들이야말로 우매하기 짝이 없는 민족이다.

코제프는 '이성과 과학의 승리'를 운운한다. 여기서 '이성'이라고 번역되어 있는 영어는 reason과 rationality이다. 이 말은 모두 수학에서 유래한다.

수학의 원점은 고대 그리스의 자연철학자 피타고라스에서 시작하고 있다. 피타고라스는 모든 수는 표현할 수 있다고 했다. 그것을 유리수(有理數, 래셔널 넘버)라고 불렀다. 그러나 원주율같이 유리수에 포함되지 않는 무리수(無理數, 이래셔널 넘버)가 존재한다. 胡蘭成은 무리수가 나오게 된 원천은, 궁극적인 자연의 無에서 有가 생기는 것으로 거슬러 올라간다고 한다.

서양의 '이성'이라는 것은 유한한 세계에서만 통용된다.

유한한 세계에서 물질은 소멸해서는 안 된다. 따라서 서양의 철학과 세계관의 근간은 물질 불멸의 원리다. 그럼에도 불구하고 소위 물질주의 이데올로기는 하나의 합리적 논리체계로서는 성립도, 유지도 불가능하다.

7.

문명의 깨달음을 열지 못한 서양인이 어떻게 미개야만인의 영역을 벗어나 과학기술 같은 시스템을 구축할 수 있었을까? 한마디로 말해 문명의 단편(파편)이 흘러들어간 것이다. 그것은 다음의 경로를 거쳤다.

① 수메르, 이집트문명의 파편이 고대 그리스에 유입되어 거의 한 시기 그리스문명의 꽃을 피웠다. 그러나 그 문명은 갑자기 타락하고 부패하고 말았다.

② 그리스문명의 단편을 근거로 이슬람문명이 발흥했다. 그리고 그 이슬람문명이 고대 그리스문명의 유산을 부흥시켰다.

③ 나아가 이슬람문명은 인도를 경유하여 들어온 중국문명을 흡수했다.

④ 유럽인은 십자군시대부터 이슬람세계를 통하여 중국의 문명을 배워왔다.(胡蘭成, 《일본 및 일본인에게 보낸다》: 184~5).

⑤ 서양은 이러한 진짜 살아있는 중국문명에서 받아들인 지식과 학문을 전 세계 침략과 노예화, 나아가 전 지구의 생명을 다 죽게 할 흉기로 전화시켰다.

이것이 진상이다.

이리하여 서양이라는 광인(狂人)은 중국에서 가져온 문명의 이기를 흉기로 바꾸고 인류를 자멸의 골짜기로 내몰고 질주한다. 그들의 '이성'과 '이성이 만들어내는 과학'은 필연적으로 지구를 죽음의 별로 몰아가고 있는 것이다.

"아마 현대에서 가장 중요한, 그러나 가장 깨닫기가 어려운 생산물은 세계종말의 생산일 것이다."(비릴리오, 《네거티브 호라이즌》: 172).

'세계종말의 생산'이란 무엇을 말하는 걸까? 여러분은 아마 저 사람이 과연 제정신일까, 라는 생각이 들 것이다. 그러나 비릴리오는 서양이 그리고 서양이 지배하고 억누르는 현대 세계에서 시시각각 일어나고 있는 것을 가능한 한 정확하게 기술하려고 노력하는 것에 불과할 뿐이다.

코제프 철학의 핵심은 **영국 학자 루이스**가 말하는 《인간의 폐절》논지와 본질적으로 다르지 **않다.** 즉 **인류는 시빌리제이션의 절정**에 달하고 그 결과 인류는 자멸한다는 것! 그것이다. 여기에서 문제가 생긴다.

코제프에 따르면 인류의 역사는 종말, 즉 인류의 운명은 자멸뿐이라고 한다. 그러한 세계관 내지 철학을 가진 사람들이 세계정치의 패권을 장악하려고 한다.

그 정치권력은, 그 정치진영은 대체 어떤 작전 또는 행동계획을 세웠고, 어떠한 시간표와 전략으로 그것(인류의 멸망)을 실현하려고 하는 것일까? 그리고 그 정치세력은 도대체 어떤 집단일까?

8.

우리는 이미 존 콜먼 박사의 《300인 위원회》 및 《300인 위원회 흉사의 전조》 등에 의하여 해답의 실마리는 만져보았다.

비릴리오의 말을 빌리면, 네오콘파의 중심적 이론가의 한 사람인 프랜시스 후쿠야마는 바이오테크놀로지에 의하여 "우리들은 인간의 역사에서 결별한다. 우리들은 그 자체로서 인간 존재를 폐기해버린다"고 공언했다고 한다.(비릴리오, 《환멸에의 전략》: 101).

여기에서 후쿠야마가 말하는 '우리들'이란 과연 누구를 일컫는 걸까? 우리들은 그 자체로서 인간 존재를 폐기해버린다고 하는 바로 '우리들'이란 누구일까? 그 '우리들'도 '인간' 속에 포함되어 있기나 하는 걸까? 만일 포함되어 있다면 그것은 이치에 맞지 않는다.

라러슈는 "네오콘 일당은 악마의 자식들이다"라고 말한다. 이 경우의 '악마의 자식들'은 단순한 말장난일까? 악마의 존재를 믿지 않는 일본인에게는 '말장난'으로 비칠 수도 있다. 그러나 이제 더 이상 그러한 표면적·피상적 차원에 머물러 있는 것을 허락할 수 없다.

폴 빌리오는 다음과 같이 경고하고 있다.

"(…) 이런 걱정을 하지 않을 수 없다. 드디어 '신인간', 즉 살아남을 가치가 있는 초인이라는 예전의 망상이 이루어지는 것은 아닐까? 그리고 현재 존재하는 일반적인 인간들은 새로운 시대의 영장류가 되어 옛 '야만인'과 같은 운명을 겪게 되는 것은 아닐까? 결국 좁은 지구에 설 자리가 사라지고 최신모델의 인류, 즉 '초인류'에게 자리를 넘겨주어야 하는 것은 아닐까?"(비릴리오, 《정보에너지화 사회》: 177~8).

크로마뇽인, 또는 신인(新人), 또는 호모사피엔스 사피엔스가 2, 3만 년 전에 출현했을 때 인류는 새로운 진화를 거쳐 그때에 달성했던 형질 및 해부학적 형태는 그 후 현대에 이르기까지 변하지 않았다고 서양의 과학은 말한다.

그들은 이제 최신식 바이오테크놀로지를 적용하여 인공적으로 인류를 진화시키려 한다. 즉, 인간의 자연성, 인간적 자연을 '그들'은 바꾸려 하고 있다고 비릴리오는 우려하고 있는 것이다.

인간적 자연을 바꾸어 무엇을 만들려고 하는 걸까? 그것은 '예전의 망상(妄想)인 초인'을 만들려는 것이라고 한다. 그렇다면 '예전의 망상'이란 어떠한 것일까?

비릴리오는 여기에서 명시하지는 않았지만 의심할 것도 없이 '망상'의 하나는 유대교의 비의 · 바빌로니아 탈무드 · 카발라학의 '골렘'이다.(호프만 2세, 《프리메이슨의 심리조종술》: 169 이하).

호프만 2세에 의하면 유대의 바빌로니아 탈무드에는 인조인간의 창조라는 개념이 등장한다는 것이다. 인조인간 '골렘(Golem)'을 만드는 기술은 카발라주의적 문헌 《세펠 이에지라》에 실려 있고, 랍비 에휴케 헤한트와 엘리아잘이 해설한 《세펠 이에지라》의 주석서에는 골렘을 만드는 기술이 아주 상세히 다루어져 있다고 한다.(앞의 책: 171~2).

이것은 근대와 현대의 서양과학과는 무관한 오컬트적 이야기에 불과하다는 식으로 경솔하게 다룰 문제가 아니다.

9.

호프만 2세의 《유대주의의 이상한 신들》(Judaism's Strange Gods)

98~101페이지에는, 16세기 영국 엘리자베스 여왕의 신하로 근대 프리메이슨의 시조 존 디 박사(Dr. John Dee)를 통하여 유대교 카발라학의 악마주의적 비의(秘儀)가 서양의 근대 자연과학의 학계에 주입된 경위에 대해 상세하게 설명되어 있다. 일본에서는 에도시대의 난학자, 바쿠후 이후의 양학자들이 서양과학에 깊이 흐르고 있는 이 유대 탈무드의 카발라학, 오컬트학, 연금술, 장미십자단, 프리메이슨 등의 비교(秘敎)를 지나쳐버리는 치명적인 실책을 범했다.

유대 카발라학의 비술인 인조인간 골렘 제조의 꿈은 19세기에 소설 《프랑켄슈타인》(Frankenstein or The Modern Prometheus)(1818)으로 바깥 무대에 모습을 드러내고, 20세기 후반의 유전공학의 준비기를 거쳐 21세기 개막기인 오늘날, 그것은 모든 전선에서 진격을 개시하려고 한다. 그러면 이 작전계획을 세워 실행에 옮기고 있는 세력은 어떤 자들일까?

그들은 과거 1만 년 이상 수메르, 이집트에서 시작된 서양을 조작하여온 악마와 신이다. 그리고 그 악마와 신의 배후에 숨은 세력을 상정하지 않을 수 없다.

서양의 기원은 수메르와 이집트에서 비롯된다.

갑작스럽게 5, 6천 년 전에 메소포타미아 땅에 관개농업시스템을 비롯하여 도시, 군대, 화폐, 중앙정부, 관료제도, 재판소, 문자, 문서, 운수시스템, 해외무역, 학교라는 일체 모든 것을 갖춘 인류역사상 전대미문의 도시문명이 출현한 것이다.

이 인류 최초의 '문명'을 만들어낸 '수메르인'이 어디에서 왔는지 아무도 모른다.

피플 프롬 노 훼어!

胡蘭成은 1만2천 년 전, 대홍수를 넘어서 서남아시아의 고원지대에 문명의 깨달음을 연 사람들 가운데 일부가 중국문명을 만들고, 다른 일부가 수메르와 이집트문명을 만들었다고 주장한다.

중국문명에 관해서는 胡蘭成의 설을 받아들인다고 하더라도, 그러나 수메르와 이집트문명의 기원에 관해서는 문제가 있다.

19세기 후반부터 출토되고 발굴되어 해독된 수메르 점토판 문서를 기초로 한 제카리아 싯친(Zecharia Sitchin)의 저서《지구연대기》(The Earth Chronicles Expedition: Jouneys to the Mythical Past)에 의하면, 지구원인보다 훨씬 고도로 진보한 과학기술문명을 가진 우주인이 태고 시대에 지구에 식민하고, 곧 그들은 지구원인을 노예로 사역하기에 이른다는 것이다. 구약성서, 특히 창세기와 정전(正典)에서 배제된〈에녹서〉등에는 분명히 이 스토리를 입증할 사실의 흔적이 있다.

특히 제카리아 싯친이 영역한《잃어버린 엔키의 서 - 우주인의 신 메모와르와 예언》(The Lost Book of ENKI: Memoirs and Prophecies of an Extraterreatrial God)(2002)의 내용은 우주인이 지구에 식민하여 지구원인을 노예로 만들고, 거기서 우주인 내부의 권력투쟁이 상승하여 핵전쟁이 일어나 그들의 기지가 파괴되고 황폐해졌다는 것이다. 그때 우주인 최고지도자 중 한 사람인 엔키가 서기관에게 구술하고 필기시켰다는 14매 점토판 설형문서라고 한다.

싯친은 역사에 기술되어 있는 약 4천 년 전 수메르 왕국의 갑작스런 멸망은 우주인의 내부 권력투쟁의 결과라고 본다. 이 건에 관해서는 싯친 이전에 데니켄의 일련의 저서, 싯친 이후의 브램리가 쓴《에덴의 신들》, 나아가 혼 브레이 등의 수준 높은 저작물이 이미 나와 있다.

그것들을 집대성한 것으로 데이비드 아이크(David Icke)의《커다란 비밀》(The Biggest Secret)을 들 수 있다. 거기에다 짐 마스(Jim Marrs)

의 《비밀의 지배》(Rule by Secret) 등은 모두 서양(수메르와 이집트를 포함)의 극비 진상을 알기 위한 필독문헌이다.

10.

누마 쇼조가 말하는 약육강식의 사디즘이 지구의 원칙이라는 데에는 동의할 수 없다. 그러나 우주인이 어느 시점에 지구에 개입하여 지구를 통째로 지배하고 제압하는 사태가 발생했다는 설을 세워본다면, 누마의 설명도 어느 정도 의미를 갖는다.

사디즘은 지구의 원칙은 아니지만 지구를 식민지로 만들려는 우주인의 지배권력 체제에서는 원칙이라고 할 수 있을 것이다. 압도적 우월세력으로서 우주인의 존재를 전제한다면, 신(GOD)도 악마도 우주인이 지구원인을 노예로 통제하고 조작하기 위해 설계한 도구의 일종이라고 보는 것도 가능할 것이다.

폴 비릴리오는 "결국 '산송장'이라는 새로운 종족이 생긴 것이다. 그들은 스파르타와 로마의 노예와는 다른 타입이므로 오히려 타락한 공동 공간에 사는 '좀비'의 무리라고 해야 할 것이다"라고 서술하고 있다.(《네가티브 호라이즌》: 238~9).

비릴리오는 인류를 산송장, 즉 좀비의 무리로 변조시켜가는 그 자들의 정체를 묻지는 않는다. 다만 그들은 인류 그 자체를 결정적으로 폐기해버리는 존재라고 한다. 대체, 그런 말도 안 되는 짓을 생각하고 실행하는 자들은 과연 누구란 말인가!

일신교권 내의 사람들에게 그 자들은 악마와 그 일당, 또는 그 앞잡이다.

우주인이 6천 년 전부터 지구원인 속에 구축한 대리인체제를 통하여 이 세상을 조작하고 있다는 설을 채용하면 어떨까? 그들은 대홍수로 큰 타격을 받은 후 6천 년 전, 수메르에 그들의 기지를 재건했다. 그들은 과거의 이 6천 년을 대강 2천 년 단위로 3개의 아이온(시대)으로 나눈다.

제1의 아이온은 수메르, 이집트 신권국가의 2천 년으로 우주인들끼리의 싸움으로 자멸했다. 제2의 아이온은 바빌론을 수도로 하는 브러더후드, 즉 비밀결사를 통한 지배했던 2천 년이다. 제3의 아이온은 일신교 3개의 교단을 중심으로 하는 2천 년이다.

그리고 그들은 20세기를 과도기로 하는 제4의 아이온을 개막하려고 한다. 이 '새로운 시대'의 근본특징은 19세기 말부터 20세기 초에 걸쳐서 서양세계의 선구적 사상가, 저술가, 오컬트주의자에 의하여 이미 예고되었다.

그 중 한 사람인 철학자 니체는 "이미 이 새로운 인간 혐오라는 급박한 도래를 예언하고 있었다. 그(니체)는 말한다. '특단의 의식을 따르지 않는 식인의 도래'를…"(비릴리오, 《환멸에의 전략》: 82).

또 한 사람 H. G. 웰스가 만든 공상과학소설은 20세기 1백년을 통하여 주로 미국과 영국에서 매우 많이 읽히는 작품으로, 우주인이 지구원주민을 가축으로 사육한다는 내용의 거대한 작품이다.

그것을 누마 쇼조는 《어느 몽상가의 편지에서》 제3권 '제83장 공상과학소설에 대한 대화' 편에서 상세히 서술하고 있다.

"웰스 소설의 아류가 지금 미국에 범람하고 있다"(앞의 책: 154). 특히 아서 C. 클라크의 《유년기의 마지막》(Childhood's End)이 걸작으로 평가받고 있다. 《어느 몽상가의 편지에서》 제3권 후기에는 미시마 유키오(三島由紀夫)가 그의 유작(遺作) '소설이란 무엇인가' 중에서 가장 재미없는 소설로 이《유년기의 마지막》을 들고 있는데, 그 근거로 인류가 과거에 인류를 지배했던 오버로드(상제, 주인)족과 결탁했다는 것을 이유로 들고 있다.

그러나 이것은 미시마의 치명적인 오독(誤讀)이고 무식이다. 실제 "인류의 종말에 입회한 종족(입회자, Neophyte)의 한 사람으로서 예지적으로 악마를 형태화하고 있었던 것"이라고 누마 쇼조는 비평하고 있다.(앞의 책: 288).

이 아서 클라크의《유년기의 마지막》에 관해서는 마이클 호프만 2세가《프리메이슨의 심리조종술》2001년 증보 제4판의 '007에서 2001년까지' 중에 중요하게 지적하고 있다. 그에 의하면 아서 클라크는 단순한 SF 작가가 아니라 영국첩보기관의 비밀공작원이고, 그의 작품은 일루미나티 세계권력의 장기적 계획에 따른 선전물이라고 한다.

누마 쇼조는 이 작품에 나타난 클라크의 근본사상은 '시간의 원환구조에 의한 예견'이라고 말한다. '시간의 원환구조에 의한 예견'이란 무얼 말하는 걸까?

우주선이 갑자기 출현하여 인류의 전쟁을 종결시키고 지구에 평화를 가져다준다. 악마의 모습을 한 이 우주인을 지구인들은 '오버로드'라고 부르고 그들은 상공에서 즉, 지구 위에서 군림한다. 지구 전체가 그들의 동물원으로 변한다…….

이 이야기를 단순하게 SF 작가의 상상력이라고 넘겨버릴 수 있을까?

지구인 위에 군림하는 우주인이 존재한다면, 그들 지배력의 원천은 바로 다음과 같은 것이다.

"육체를 부정하는 사회를 상상한다는 건 매우 어렵다. 그러나 영혼을 부정해온 우리들은 이제 서서히 그 방향(육체를 부정하는 방향-옮긴이)으로 향하고 있다"(비릴리오,《순간의 군림》: 215).

이런 식으로 지구원인의 의식을 유도하는 것, 그것이 그들 지배력의 원천일 것이다. 인간에게 자신의 혼을 부정하게 하고 다음에 자신의 육체까지 부정하게 한다. 또 그렇게 생각하도록 상상시킨다.

"사람은 남자든 여자든 세계정부의 창조물 가운데 하나일 뿐이라는 사고방식이 철저히 주입된다. 분명히 알 수 있는 ID(신분증명)번호가 각각의 육체에 각인되고 언제나 액세스할 수 있게 된다."(존 콜먼,《300인 위원회》: 267).

이리하여 인간은 완벽하게 죽어간다.

부품을 집적하여 인공적으로 설계되고 제작된 혼 없는 로봇인간의 무리! 그리고 그것을 사역하는 일루미나티 세계권력! 그 배후에 우주인이 숨어있다고 하더라도 조금도 이상하지 않다.

이런 이유에서 오늘 우리는 미국 국가권력의 핵심을 잠식·장악하고 있는 네오콘파를 폭로하게 된 것이다.

후기

이 책은 현재 미국을 장악한 정치사상집단, 통칭 '네오콘'에 관한 것이다. 2003년 6월 14일부터 쓰기 시작하여 11월 11일에 탈고했다. 그 후 12월 말에 학습참고용 복사판을 만들어 검토·비평의 자료로 제공한 후 이번에 어렵게 출판하게 되었다.

'네오콘'이란 영어로 neocon, 정식 명칭으로는 neoconservative 이다.

일본의 매스컴은 2003년 3월, 미영 양국의 대이라크 개전 전후에 미국 부시 정권을 움직이는 사상집단인 '네오콘'의 존재를 깨달았다. 그래서 부랴부랴 가장 눈에 띄는 인물 로버트 케이건의 최근 저서를 번역 출판했던 것이다. 《네오콘의 논리》라는 책이다. 후쿠다 가즈야(福田和也) 씨가 이 책의 권말에 해설을 썼다.

《月論評論》에 현대 미국에 관하여 연재 중인 우에다 마코토(植田信) 씨는 2003년 5월호부터 예일대학의 '스컬 앤드 본즈'를 다양하게 다루고 있는 인물이다. 우에다 씨는 이 《네오콘의 논리》의 저자 케이건이 예일대학을 졸업한 것을 번역본 해설과 저자의 약력에 다루고 있지 않았다고 지적했다. 물론 이 지적은 타당하다.

필자는 최근 크리스 밀레건(Kriss Millegan)이 편집한 《플레싱 아웃 스컬 앤드 본즈》(Fleshing Out Skull & Bones)(2003. 10)라는 700페이지가 넘는 영어책을 입수하여 읽었는데, 그 권말에 1833년 설립 이래 지금까지 매년 예일대학 학생 중에서 선발된 '스컬 앤드 본즈' 회원의 이름이 알파벳순으로 수록되어 있었다.

이 명부에서 1980년의 신입회원 15명 중에 로버트 W. 케이건의 이름을 발견했다. 즉 미국 네오콘의 대표적 이론가 중 한 사람인 케이건은 ① 네오콘 일원이고 ② 예일대학 출신이며 ③ 스컬 앤드 본즈 회원이자

④ 유대인이고 ⑤ 그의 아버지도 네오콘의 유력한 멤버다.

화려하기 짝이 없는 일루미나티 지식인 경력이 아닐 수 없다. 또 내친 김에 부시가문도 찾아보았다.

부시 대통령(아들), 예일대학 졸업, 스컬 앤드 본즈 회원(1968).

그리고 아버지 부시 전 대통령도 예일대학 졸업, 스컬 앤드 본즈 회원(1948).

게다가 할아버지 프레스코트 부시도 예일대학 졸업, 스컬 앤드 본즈 회원(1917).

이것을 우연으로 보아야 할까?

2004년 미국 민주당 대통령 후보 존 F. 케리도 예일대학 출신에 스컬 앤드 본즈 회원(1966년)이라고 밀레건의 편저에 나와 있다. 사실이 이런 데에도 일본인들은 서양사회의 실체로서 이 비밀결사에는 접근하려고 하지 않고 그것을 조사하려고 하지도 않는다. 한마디로 관심이 없다. 그리고 대체로 '비밀'이라는 것의 의미를 왜소화시키려 든다.

이 비밀결사는 적어도 유대교에 기원을 둔 일신교 세계로 거슬러 올라갈 정도로 뿌리가 깊고 넓다. 이 점은 유스터스 멀린스가 쓴 《카난의 주술》이라는 책에 잘 나와 있다. 이 책에서 인용해보자.

첫 번째의 발견은 "신은 인류에게 일체의 비밀을 알리지 않는다"는 것이었다. 사탄만이 비밀리에 음모, 배반, 달성할 수 없는 약속에 전념할 운명이다."(앞의 책: 26~7).

즉 일신교의 논리에는 조물주인 신(GOD)과 신에게 반역하는 악마가 대립한다. 악마는 숨어서 비밀리에 신에 대한 음모에 인간을 끌어들이려고 기도한다. 일본역사에는 이러한 논리구조는 존재하지 않는 것처럼 보인다. 그러나 그것은 일본에 서양의 사고가 습격하기 이전의 이야기다. **프란체스코 자비엘**이 일본에 신(GOD)과 악마가 침입했다고 한 적이 있지만, 그것은 올바른 견해가 아니다. 유대교에 뿌리를 둔 일신교에서는 신(GOD)과 악마는 표리일체이다. 양자는 떨어져서는 절대로 올 수가 없는 것이다.

프란체스코 자비엘 | 일본에 가톨릭을 전파한 선교사. 1594년에 일본에 왔다고 한다.

'네오콘'의 교조는 레오 스트라우스라고 알려져 있다. 이 문제에 관한 필독서는 샤디아 B. 드러리 여사의 《레오 스트라우스와 미국의 우익》(1997) 및 《알렉상드르 코제프 – 포스트모던 정치의 원류》(1994)이다.

필자는 이 두 권의 책을 열심히 숙독했다. 이 책에는 현대 미국정치의 중심적 현상인 네오콘을 알기 위해 필요한 최소한의 사항이 기록되어 있다. '네오콘'에 관해 운운하는 사람이라면 적어도 이 책 정도는 먼저 읽어야 한다. 필자가 수도 없이 강조하고 있음에도 아직 일본에서는 드러리 여사의 주장을 거들떠보지 않고 있다.

미국의 네오콘파는 스트라우스가 1950년대부터 약 20년에 걸쳐서 시카고대학 정치철학 교수로 있을 때 가르친 사람들을 중심으로 탄생했다는 게 드러리 여사의 연구에 의해 입증된다. 따라서 이 스트라우스라는 인물(유대인)이 어떤 사람인지, 그것을 충분히 연구하지 않으면 네오콘의 본질에 다가설 수 없는 것이다.

스트라우스는 젊었을 때(20대) 7년에 걸쳐서 독일 베를린에서 유대학 교육을 받았다. 그가 배운 유대학이란 무엇이었을까? 드러리 여사는 그것이 카발라학이라고 말한다. 즉 스트라우스는 무엇보다도 유대 카발라학자였던 것이다. 그렇다면 유대의 카발라학이란 무엇일까?

유대인은 크게 나누어서 두 종류로 구분된다. 첫째 유대교도. 둘째 무신론자 및 세속적 유대인.

유대교도와 나머지로 구별하는 것은 아주 중요하다. 먼저 첫 번째의 유대교도를 세분화해보자. 여기에는 다음의 다섯 가지 계층이 존재한다.

① 토라(크리스트교의 구약성서)를 그대로 믿는 유대교도. 이 중에서 토라만 믿고 탈무드를 받아들이지 않는 그룹을 칼라임(칼라이파)이라고 한다.

② 탈무드를 연구하고 설교하는 랍비(율법사, 유대교의 종교지도자).

③ 탈무드의 연구에서 더 나아가 그 속에서 카발라학을 연구하는 카발라학파.

④ 비밀결사 프리메이슨 속에 존재하는 유대인만의 비밀결사, 즉 프리메이슨의 지도적 핵심층.

⑤ 17세기에 유대인의 메시아(구세주)로 화려하게 등장한 사바타이 쯔비일파. 그리고 18세기에 사바타이파 운동을 부흥시킨 프랑크와 그 프랑키스트들. 이 프랑키스트는 19세기에 '개혁파 유대교도'로 변신하고 로스차일드가의 전면적인 지원을 받아서 오늘에 이른다.

네오콘은 표면적으로는 스트라우스 문하의 미국인 학자 수백 명을 주력으로 하고 있고, 그들의 압도적 다수가 유대인이다.

보통 일본인은 '유대인'이라는 말을 들을 때 이미 견고한 편견을 가지고 있다.

① 먼저 떠오르는 것이 '공포심'이다. 유대는 두렵다, 다른 신을 숭배하지 말라는 등 강렬한 금기(터부).

②다음은 2천 년 간 박해받아온 가련한 유랑민족.

③이제 겨우 자기들 나라를 만들 수 있게 되었는데 주변의 이슬람세력에
의해 방해를 받고 있는 가련한 사람들.

④돈 잘 버는 사람들. 큰 부자가 많음.

⑤무수히 많은 노벨상 수상자를 내는 대단히 머리 좋은 민족.

이것은 어쩔 수 없다. 이러한 선입견으로 굳어져 있는 사람에게 '유
대 음모론'은 한마디로 우스갯소리에 지나지 않는다. 듣는 것도 추잡스
럽다고 고개를 젓는다. 이성적 분석과 조사는 처음부터 말살된다. 그러
니 이런 어리석은 수준으로는 네오콘 문제를 푼다는 것은 도저히 상상
도 할 수 없다.

드러리 여사는 네오콘파가 스트라우스와 코제프, 코제프의 영향을
받은 제2차 세계대전 후의 소위 '포스트모던' 사조와 연결되어 있다는
것을 논술하고 있다. 필자는 이 주제를 이 책 제6장에서 다루었다. 저급
하기 짝이 없는 일본 내 지식인과 인텔리층에게 이 문제는 지나치게 고
급 문제인 것 같다. 물론 저급한 일본의 학계에도 스트라우스나 코제프,
포스트모더니즘에 관한 연구자들이 없는 건 아니다. 다만 자기가 확보
한 안전한 곳에 숨어 있을 뿐이다. 그러니, 자신들의 연구대상이 지금
세계정치의 초점이 된 '네오콘'과 밀접한 관계가 있다고는 꿈에도 생
각하지 못한다.

알렉상드르 코제프와 레오 스트라우스는 깊이 관련되어 있다. 그리
고 코제프가 1930년대 후반, 당시 프랑스의 1급 인텔리들을 불러 모을
수 있었던 것은 헤겔 철학, 특히 정신현상학에 관한 강의였다. 따라서
'네오콘'은 헤겔 철학과 관련되어 있다. 일본에도 헤겔을 연구하는 '철

학자'는 많다. 그러나 아무리 '헤겔과 네오콘'이 관계있다고 말해도 귀를 꽉 막아버린다.

악명 높은 비밀결사 '스컬 앤드 본즈'가 헤겔 철학의 직계라는 것은 앤터니 셔턴(Antony Sutton) 교수가 쓴 《미국의 비밀결사》(America's Establishment)에 의해 해명되었고, 크리스 밀레건의 편저에도 아주 상세하게 서술되어 있다.

10년 이상 집요하게 네오콘을 계속 추적해온 린든 라러슈와 《EIR》지는 이 네오콘 일파가 '시나키스트 인터내셔널'이라는 비밀결사와 연결되어 있다는 것을 발견했다. 필자도 이 '시나키' '시나키스트' '시나키즘' 등에 관해서는 잘 몰랐다. 그런데 앞에서 말한 크리스 밀레건 편저 440페이지 이하에 '시나키'에 관하여 기술되어 있는 것이 아닌가! 거기에는 이렇게 씌어 있었다.

THE STARGATE CONSPIRACY

The Truth About Extraterrestrial Life and the Mysteries of Ancient Egypt by Lynn Picknett and Clive Prince(1999, 2001)

밀레건도 이 책에서 인용했다고 밝혔다. 또 이 영문 표제에는 이런 해설이 있었다.

닉슨 미 대통령을 실각시킨 '워터게이트 컨스피러시'에 관련된 우주인의 음모 이야기. 우주인 생에 관한 진실과 고대 이집트의 신비.
린 피크넷, 크리브 프린스 공저.

이 《스타게이트 컨스피러시》를 읽으면 여기에 슈왈러 드 루비크

(Schwaller de Lubicz; 1887~1961)라는 미지의 인물에 관하여 상세하게 서술되어 있다. 게다가 시나키스트 인터내셔널의 기점으로서 조셉 알렉상드르 생 이브 달베이드르(Joseph Alexandre Saint Yves d'Alvedre; 1824~1909)라는 프랑스인의 이름도 나온다.(앞의 책: 263). 그러나 이 문제는 여기에서는 생략한다.

왜 여기에 초고대 이집트가 나오는 것일까?

요즘 십수 년 이래 구미에서 '신이집트학', 즉 공식적으로 '권위' 있는 이집트학 정설의 모든 것을 근본적으로 뒤집는 새로운 파가 등장하고, 그들의 저서가 몇 권인가가 세계적인 베스트셀러가 되었다. 이 신이집트학에 포함된 저술가로는 그레이엄 핸콕, 로버트 보벨, 앤드루 마린스, 로버트 템플, 앤서니 웨스트 등등이다. 그러나 사실은 루비크가 이 신이집트학파의 중심인물로 알려져 있다.

신이집트학 학설에 따르면 초고대 이집트에 고도로 발달한 문명이 존재하는데, 그것은 바로 지구로 날아온 우주인에 의한 것이라고 한다. 어쩌면 시나키, 시나키즘 인터내셔널은 초고대 이 우주인에 의한 이집트문명과 어떤 모양으로 연결되어 있었을지도 모른다고 그들은 말한다.

나아가 앞에서 말한 《스타게이트 컨스피러시》에 의하면 슈왈러 드 루비크는 아주 젊었을 때부터 신지학협회의 오컬트 결사와 깊은 관계를 갖고, 또 알레이스터 크롤리와도 접점이 있었다고 알려져 있다.

'시나키'는 '아나키'의 정반대다.

아나키는 개인의 절대적 자유를 원리로 하는 정치체제다. 국가의 개인에 대한 규제는 제로다. 이것에 반하여 시나키는 국가가 모든 개인의 자유와 권리를 제로로 하는 정치체제다.

이 시나키(synarchy)라는 용어는 필자가 아는 한 일본에서 출판되어 있는 각종 사전에는 나오지 않는다. 이것은 철학, 정치철학, 정치학의 영역에도 해당되겠지만 거기에도 아마 나오지 않을 것이다. 그런 의미에서 이 시나키를 '궁극적인 전체주의, 통합적인 정치체제'라고 번역해도 될 것 같다.

그러나 용어해설에 앞서 그것의 본질을 꿰뚫는 것이 중요할 터이다. 그것은 전 인류를 가축인으로 사육하고 수용하며 감시하는 세계적 인간목장 내지 인간을 로봇인간으로 만들어 중앙집권적·일원적으로 관리하는 체제라고 할 수 있을 것이다. 이것은 바로 '인간의 종말' 이외에 아무것도 아니다. 폴 비릴리오가 현대를 '자살로 가는 세계'라고 관찰한 것도 과연 그럴 만하다.

네오콘 일파의 지도적 이론가로서 스트라우스와 코제프의 직계인 프랜시스 후쿠야마가 《역사의 종말》을 출간한 이후 오늘날 다시 '인간의 종말(포스트 휴먼)'을 당당하게 선언한다. 이것은 무책임한 발언도 아니고 뽐내는 발언도 아니다. 감히, 인간의 종말이라고 한다. 그러면 종말 다음에는 무엇이 온단 말일까? 대답에 앞서 '네오콘'은 바로 인간의 종말 다음에 준비되어 있는 어떤 것에 대한 '과도기적 존재'라는 것을 상기하자.

이미 19세기 말에 니체는 다음과 같이 예고했다. 그리고 그 예고 속에 답이 이미 나와 있다.

① 니힐리즘 시대가 도래한다.
② 신은 죽었다.
③ 노예의 종교로서 크리스트교 시대는 종말을 고한다.
④ 초인이 등장한다.

⑤ 인류는 가축인과 초인으로 나뉜다.

우리는 이미 우주인에 의한 지구원주민 노예화에 관한 설을 집대성한 데이비드 아이크의 두 권의 책 《커다란 비밀》과 《궁극의 대음모》(Alice in Wonderland)를 일본 독서계에 소개했다. 이 가설을 채용하면 우주인의 최초 지구식민지, 지구점령을 위한 기지가 이집트에서 메소포타미아를 중심으로 하는 일대라는 것은 의문의 여지가 없다. 게다가 이 지역은 과거 1천 년 이상 이슬람 땅이다.

'네오콘' 일파가 미국과 영국, 이스라엘을 주축으로 이슬람권의 완전제압이라는 정치프로그램을 짜고 있다는 사실, 이상과 같은 역사적인 배경을 고려하면 정말로 네오콘 일파를 간과해서는 안 된다.

2004년

오타 류

참고자료

이 책에서 인용한 도서(단행본)

- Albert Pike, "Moral and dogma of ancient and accepted Scottish rite of Freemason"
- Allan Bloom, "The closing of American mind"
- Antony Sutton, "America's secret establishment: an introduction to the order of skull and bones"
- Clive Staples Lewis, "The abolition of man"
- Dave Ramsey, "Nameless war"
- David Icke, "Alice in wonderland and World Trade Center disaster"
- _____, "The biggest secret: the book that will change the world"
- Edward Gibbon, "The decline and fall of the Roman Empire"
- Edward Mandel House, "Philip Dru: administrator"
- Eustace Mullins, "The rape of justice"
- Francis Bacon, "New Atlantis"
- Francis Fukuyama, "La post-humaniti est pour demain"
- _____, "The end of history"
- George Lucacs, "History of class consciousness"
- Gerard Vinent Encausse(Papus), "Anarchie, indolence, synarchie"
- Goar Vidal, "Perpetual war peace"

- Goar Vidal, "Dreaming war"
- H. G. Wells, "Open conspiracy"
- Jim Marss, "Rule by secret: The hidden history that connects the commission, the Freemason, and the great pyramid"
- John Coleman, "The Committee of 300"
- John Daniel, "Scarlet and beast"
- John Ehman, "The rise of neoconservatism: Intellectuals and foreign affairs 1945~1994"
- Kriss Millegan, "Fleshing out skull and bones: investigation into America's most powerful secret society"
- Leo Strauss, "Nicolo Machiavelli"
- _____, "Jewish philosophy and the crisis of modernity"
- Leo Strauss, Joseph Cropsey (ed), "History of political philosophy"
- Lynn Picknet · Clive Prince, "The stargate conspiracy"
- Mavin S. Antelman, "TO ELMINATE"(vol. 2)
- Michael Hoffman II, "Judaism's strange gods"
- _____, "Secret societies and psychological warfare"
- Michael Ledeen, "Freedom batrayed: How American led a global democratic revolution, won the Cold War, and walked away"
- _____, "Machiavelli on the modern leadership: Why Machiavelli's iron rules are as timely and important today as five centuries ago"
- _____, "Universal fascism: The theory and practice of Fascist International"
- Noman Mailer, "Naked and dead"
- Patrick J. Buchanan, "Death of west"
- Paul Virilio, "Le qui arrive"
- _____, "Negative Horizon"
- Robert Kagan, "Of paradise and power: American and Europe in the new world"
- Shadia B. Drury, "Alexandre Kojev: The roots of postmodern politics" (1994)
- _____, "Leo Strauss and American right"(1997)

- Shadia B. Drury, "The political ideas of Leo Strauss"(1988)
- Steve Knight, "Brothership"
- William Bramley, "The gods of Eden"
- William G. Carr, "Pawns in the game"
- Zecharia Sitchin, "The earth chronicles expedition; journeys to the mythical past"
- _____, "The lost book of Enki: Memoirs and prophecies of an extraterreatrial god"
- 高山正之, 立川珠里亞 共著, 《辯護士が 怖い!》
- ユースタス・マリンズ(太田 龍 譯), 《カナンの呪い: 寄生蟲ユダ 3000年の惡魔學》
- ジョン・コールマン, 《迫る 破局》
- _____, 《石油の戰爭とパレスチナの闇》
- _____, 《9・11 陰謀は魔法のように世界を變えた》
- 胡蘭成, 《自然學》
- _____, 《日本及び日本人に寄せる》
- 沼正三, 《ある夢想家の手紙から》
- _____, 《マゾヒストMの遺言》
- _____, 《家畜人 ヤブ》
- ポール・ヴィリリオ, 《幻滅への戰略: グローバル情報支配と警察化する戰爭》
- _____, 《情報エネルギ化 社會》
- _____, 《瞬間の君臨》
- 天野哲夫, 《女神の ストッキング》
- _____, 《女神のすむ闇》

이 책에서 인용한 잡지

서문

- American Free Press(04.2.16:16), 마이클 콜린스 파이퍼, '미국제국을 위한 그랜드 디자인'
- The Journal of International Security Affair(03. 여름~04. 겨울), H. 요페, 'The Empire that dared not speak it's name'

제1장

- New York Review of Books(1988.2), 고든 S. 위드, '원리주의와 미국 헌법'
- News Week(1987.8.3), 제이콥 비스버그, '레오 스트라우스 컬트 – 잘 알려지지 않은 철학자의 워싱턴에서의 활동 중인 문하생들'
- The American Conservatism(02.12.2), 노먼 메일러의 대담기사, '나는 (아메리카) 세계제국에 찬성하지 않는다(I'm not for world empire)'
- The American Conservatism(03.3.24), 패트릭 뷰캐넌, '누구의 전쟁인가-네오콘서버티즘 일당은 미국의 이익에 합치하지 않는 일련의 전쟁에 미국을 억지로 끌어들이고 있다'
- Time(1996.6.17), 리처드 리카요, '그러나 권력은 누가 쥐고 있나?(But who has the power?)'
- 月曜評論(03.6), 植田 信, '로버트 케이건의 네오콘 논리 비평'

제2장

- Executive Intelligence Review(이하 EIR, 03.5.16), 제프리 스타인버그의 기사.
- EIR(03.5.2:12), 린든 라러슈, '판테온콘스 – 체니 제국의 무시무시한 종교들(Pantheocons: The weird religions of Cheney's Empire)'
- EIR(03.5.30), 제프리 스타인버그, '시나키즘 – 울포위츠 일당의 파시스트적 뿌리(Synarchism: the fascist roots of Wolfowiz cabal)'
- EIR(03.6.20), 토론 – 레오 스트라우스와 그의 니힐리스트 철학이 오늘날 미친 영향에 대하여(토론자: Adam Sturman, Danny Bayer, Tony Papert, Michael Steinberg).
- New York Times(1995.1.29), 리처드 번스타인, '너무나 어울리지 않는 악한 또는 영웅'
- 正論(03.8), 田中英道, '일본 미디어를 지배하는 숨은 마르크스주의 프랑크푸르트 학파'
- 週刊日本新聞 295號(03.7.14).

제3장

- New York Times(1988.10.2), 머시 트로이의 인터뷰 기사.
- Spectrum(03.8), 샤먼 스콜릭의 기사.

- WAR(White Aryan Resistance, 03.7), 미 법무장관 애시크로프트 인터뷰 기사.
- www.rense.com/general39EUSTACE.htm (03.7.15), 유스터스 멀린스와 제임스 다이어와의 대화.

제4장
- EIR(03.7.4), 린든 라러슈의 글.
- EIR(03.7.11), 리처드 프리먼, '월스트리트 저널의 편집자가 세계통화와 초은행에 관한 시날리스트 계획을 공개했다'
- EIR(03.7.25), 폴 갈러거, '상처 입은 제국주의적 당은 새로운 전쟁으로 반격할 것이다(A wounded Imperial War Party may reach with new wars)'
- EIR(03.8.1), 에드워드 스파나우스·제프 스타인버그 기사, '체니는 1990년대 이미 오늘날 부시의 기본정책을 작성했다'
- EIR(03.8.8), 린든 라러슈의 글.

제5장
- EIR(03.8.22), 프랜시스 보일, '스트라우스 학파 네오콘 – 도덕적으로 오염된 물(Straussian neo-cons: a moral cesspool)'
- EIR(03.8.29), 린든 라러슈, '세계 핵전쟁은 언제 일어날 것인가'
- EIR(03.9.5), 안톤 체이트킨, '미국에 대적하는 시나키'
- 週刊日本新聞 220號(03.9.29).

제6장
- EIR(03.9.5), 안톤 체이트킨, '미국에 대적하는 시나키 – 죽은 우주설을 제창하는 뉴턴, 존 로크 무리의 영국 경험주의자'
- EIR(03.9.19), 린든 라러슈, '미국의 주권국가 – 먼로주의의 현재'

제8장
- EIR(03.10.31), 린든 라러슈, 수인증후군과 제2차 세계대전의 '공중 폭격 테러리즘(the beast-man syndrome and 'air terrorism' of World WarⅡ)'
- New York Times, J. N. 윌포드, '고대의 거대한 이[齒]가 우리 조사에 관한 단서를 준다'

ıìıìıìıìı